Rüdiger Breuer

**Entwicklungen
des europäischen Umweltrechts –
Ziele, Wege und Irrwege**

Schriftenreihe
der
Juristischen Gesellschaft zu Berlin

Heft 134

W
DE
G

1993
Walter de Gruyter · Berlin · New York

Entwicklungen des europäischen Umweltrechts – Ziele, Wege und Irrwege

Von
Rüdiger Breuer

Erweiterte Fassung eines Vortrages
gehalten vor der
Juristischen Gesellschaft zu Berlin
am 27. Januar 1993

W
DE
G

1993

Walter de Gruyter · Berlin · New York

Dr. *Rüdiger Breuer*,
o. Professor an der Universität Trier

∞ Gedruckt auf säurefreiem Papier,
das die US-ANSI-Norm über Haltbarkeit erfüllt.

Die Deutsche Bibliothek – CIP-Einheitsaufnahme

Breuer, Rüdiger:
Entwicklungen des europäischen Umweltrechts – Ziele, Wege
und Irrwege : erweiterte Fassung eines Vortrages, gehalten vor
der Juristischen Gesellschaft zu Berlin am 27. Januar 1993 / von
Rüdiger Breuer. – Berlin ; New York : de Gruyter, 1993
  (Schriftenreihe der Juristischen Gesellschaft zu Berlin ; H. 134)
  ISBN 3-11-014181-7
NE: Juristische Gesellschaft ⟨Berlin⟩: Schriftenreihe der Juristischen
...

I. Supranationale Umweltpolitik aus nationaler Sicht: Konflikte zwischen deutschem und europäischem Umweltrecht*

Die Konflikte zwischen dem deutschen und dem europäischen Umweltrecht[1] häufen sich. Es fällt zunehmend schwerer, sie als bloße Zufallserscheinungen oder Betriebsunfälle einer lebhaften Rechtsetzung und Rechtsanwendung zu begreifen. Man mag diese Entwicklung bedauern, aber sie ist nicht zu leugnen: Die Umweltpolitik der Europäischen Gemeinschaften begegnet der deutschen Rechts- und Verwaltungspraxis gegenwärtig vor allem im juristischen Prinzipienstreit.

Spätestens seit den jüngsten Prozeßniederlagen, welche die Bundesrepublik Deutschland vor dem Gerichtshof der Europäischen Gemeinschaften wegen des Vorwurfs der unzureichenden Umsetzung gemeinschaftsrechtlicher Richtlinien erlitten hat[2], hat sich die nationale Selbstgenügsamkeit auch im Umweltrecht als unhaltbar erwiesen. Es ist nicht damit getan, die Prozeßniederlagen zu registrieren und danach zur juristischen Tagesordnung zurückzukehren – vielleicht in der Hoffnung, daß die Bundesrepublik demnächst vor den Schranken des Europäischen Gerichtshofs „mehr Glück" haben werde. Eine solche Haltung käme – in den vertrau-

* Der Verfasser dankt den Herren *Kurt Faßbender, Marius Vermeulen* und *Gregor Wenner*, wissenschaftliche Mitarbeiter im Institut für Umwelt- und Technikrecht der Universität Trier, und Herrn *Siegmar Pohl*, wissenschaftliche Hilfskraft im vorbezeichneten Institut, für wertvolle Hilfen und Anregungen bei der Vorbereitung dieser Veröffentlichung sowie des zugrundeliegenden, am 27. Januar 1993 vor der Juristischen Gesellschaft zu Berlin gehaltenen Vortrags.

[1] Früher dazu bereits *Breuer*, EG-Richtlinien und nationales Wasserrecht – Umweltverträglichkeitsprüfung zum Schutz der Oberflächengewässer und des Grundwassers, in: Das neue Wasserrecht und seine Herausforderung für den Vollzug in den Ländern, hrsg. vom Ministerium für Umwelt, Raumordnung und Landwirtschaft des Landes Nordrhein-Westfalen, 1990, S. 13 ff., sowie in: WiVerw. 1990, 79 ff.; vgl. auch *Salzwedel*, in: Breuer/Kloepfer/Marburger/Schröder (Hrsg.), Umwelt- und Technikrecht in den Europäischen Gemeinschaften – Antrieb oder Hemmnis?, Schriftenreihe des Instituts für Umwelt- und Technikrecht der Universität Trier, UTR Bd. 7, 1989, S. 65 ff.; Koch/Behrens (Hrsg.), Umweltschutz in der Europäischen Gemeinschaft, 1991 (mit Beiträgen von *Everling, Koch, Gallas, Lübbe-Wolff, v. Lersner* und *Schröder*); *Everling* und *Hansmann*, in: Breuer/Kloepfer/Marburger/Schröder, Jahrbuch des Umwelt- und Technikrechts 1992, UTR Bd. 17, 1992, S. 3 ff. und 21 ff.

[2] EuGH, Urt. v. 28. 2. 1991, Rs. C-131/88 (Grundwasser), Slg. 1991, S. 825; Urteile v. 30. 5. 1991, Rs. C-361/88 (Luftreinhaltung: Schwefeldioxid und Schwebestaub), Slg. 1991, S. 2567 und Rs. C-59/89 (Luftreinhaltung: Blei), Slg. 1991, S. 2607; Urt. v. 17. 10. 1991, Rs. C-58/89 (Oberflächenwasser), EuZW 1991, S. 761.

ten Begriffen des Umweltrechts formuliert – einem Ermittlungs- und Bewertungsdefizit gleich. Hierdurch wären weitere Fehleinschätzungen und Überraschungen vorprogrammiert. Vielmehr bedarf es einer kritischen Bestandsaufnahme und einer Analyse der aufgetretenen Konflikte. Die umweltpolitischen Ziele sowie die umweltrechtlichen Regelungen der Europäischen Gemeinschaften treten mit supranationalem Vorrang auf. Daher gilt es, ihre Inhalte und Entwicklungstendenzen, die Wege ihrer Durchsetzung, aber auch ihre gemeinschaftsrechtlichen Grundlagen und Grenzen aufzudecken. Überwunden werden sollte jedenfalls das „systematische Aneinandervorbeireden der Beteiligten", das in dem Vertragsverletzungsverfahren zwischen der EG-Kommission und der Bundesrepublik Deutschland wegen der Umsetzung der Grundwasserrichtlinie festzustellen war und eine sachkundige Beobachterin[3] an ein Stück der Sparte „Absurdes Theater" erinnert hat.

1. Vorausgegangene und begleitende Polemiken

Die offenbar gewordenen Kommunikationsstörungen sind allerdings nicht ganz neu. Seit Jahren waren die vorausgegangenen Auseinandersetzungen zwischen der EG-Kommission und der deutschen Bundesregierung bekannt[4]. Schon dabei war bisweilen eine gereizte und polemische Stimmung zutage getreten. Auch hierfür trifft zu, was *Karl Heinrich Friauf*[5] im Hinblick auf die Grundrechtsdiskussion in der Grenzzone von nationalem Verfassungsrecht und europäischem Gemeinschaftsrecht beobachtet hat: Nicht selten vermitteln einschlägige Stellungnahmen weniger den Eindruck des Abwägens rechtlicher Argumente als vielmehr das Bild einer Auseinandersetzung zwischen „guten" und „schlechten" Europäern, die sich unversöhnlich gegenüberzustehen scheinen.

In diesem Klima neigen manche Vertreter der Gemeinschaftsorgane und des Gemeinschaftsrechts anscheinend dazu, Einwände gegen bestimmte Rechtsformen und Regelungsinhalte der supranationalen Politiken als integrationsfeindlich und rückständig zu brandmarken. Aus institutioneller Sicht ist es verständlich und legitim, wenn die EG-Kommission als supranationales Initiativ- und Exekutivorgan die politische Rolle eines Integrationsmotors zu spielen versucht[6]. Wenn sich jedoch ein Rechtsprechungsorgan wie der Europäische Gerichtshof als Integrations-

---

[3] *Lübbe-Wolff* (Fn. 1), S. 127 (147).

[4] Dazu bereits *Salzwedel* (Fn. 1); *ders.*, in: Rengeling (Hrsg.), Europäisches Umweltrecht und europäische Umweltpolitik, 1988, S. 95 ff.

[5] In: *Friauf/Scholz*, Europarecht und Grundgesetz, 1990, S. 21.

[6] Umfassend zu den Aufgaben der Kommission *Oppermann*, Europarecht, 1991, Rdn. 290 ff.

motor versteht[7] und den Eindruck eines integrationspolitischen Akteurs und Vollstreckers aufkommen läßt, können verfassungs- sowie gemeinschaftsrechtliche Bedenken nicht mehr unterdrückt werden. Das Recht und die Rechtsprechung mögen – bildhaft – als Katalysatoren des politischen Integrationsprozesses bezeichnet werden. Als Motor, also als treibendes Element eines politischen Prozesses, darf sich die Rechtsprechung wie auch die wissenschaftliche Rechtserkenntnis nicht verstehen. Dies gilt auf der staatlichen wie auf der supranationalen Ebene. Gegenteilige Neigungen untergraben die Fundamente des Rechts und der Rechtsprechung. Dem kann nicht die bekannte, vor allem im Staatsrecht vertraute Verschränkung von Recht und Politik[8] entgegengehalten werden. Vielmehr zwingt gerade das Bewußtsein dieser Verschränkung zu juristischer Strenge und Disziplin, zum Ringen um rechtliche Ansätze und Argumente, letztlich also zur argumentativen Distanz gegenüber politischen Kräften und Forderungen[9].

Auch die Rechtsprechung des Europäischen Gerichtshofs zur Umsetzung gemeinschaftsrechtlicher Richtlinien muß sich an diesen Grundsätzen messen lassen. Insbesondere kann nichts anderes gelten, soweit Richtlinien als Instrument der Umweltpolitik der Gemeinschaften dienen[10]. Die jüngsten Urteile des Europäischen Gerichtshofs haben jedenfalls die aufgekommenen Konflikte und Emotionen nicht abgebaut, sondern eher verstärkt. Die Gründe gilt es zu untersuchen. Wer dies versucht, sieht sich einem abermals gesteigerten Reizklima ausgesetzt. Angesichts der Verurteilung der Bundesrepublik wegen der für unzureichend erachteten Umsetzung der Grundwasserschutzrichtlinie hat *Jürgen Salzwedel*[11] den Europäischen Gerichtshof offen angegriffen. Seine Worte drücken

---

[7] In diesem Sinne *Everling*, in: Koch/Behrens (Fn. 1), S. 29 f.; kritisch zu der hiermit aufgeworfenen Frage nach den Grenzen des Richterrechts *Stein*, Richterrecht wie anderswo auch?, Der Gerichtshof als „Integrationsmotor", Festschrift der Juristischen Fakultät zur 600-Jahr-Feier der Universität Heidelberg, 1986, S. 619 ff.

[8] Grundlegend dazu schon *Triepel*, Staatsrecht und Politik, 1927; vgl. auch *Grimm*, JuS 1969, S. 501 ff.; *Isensee*, in: Isensee/Kirchhof (Hrsg.), Handbuch des Staatsrechts der Bundesrepublik Deutschland, Bd. VII, 1992, § 162.

[9] Deutlich und eindrucksvoll insbesondere *Friesenhahn*, DRiZ 1969, S. 169 ff.; im Hinblick auf die Grenzen richterlicher Rechtsetzung auch *Redeker*, NJW 1972, S. 409 ff.

[10] Allgemein zur Richtlinie im Umweltrecht *Battis*, NuR 1989, S. 365 ff.; *Jarass*, EuZW 1991, S. 530 (532 f.); *Krämer*, Keine Absichtserklärungen, sondern durchsetzbares Recht – Die Kontrolle der Anwendung von EWG-Umweltrichtlinien, in: Gündling/Weber (Hrsg.), Dicke Luft in Europa: Aufgaben und Probleme der europäischen Umweltpolitik, 1988, S. 201 ff.; *ders.*, WiVerw. 1990, S. 138 ff.; *Winter*, DVBl. 1991, S. 657 ff.

[11] NVwZ 1991, S. 946 (947).

Verbitterung aus, wenn er aus der Sicht des deutschen Umweltrechts bemerkt: „Es wird höchste Zeit, daß der rechtsmißbräuchlichen und besatzungsrechtsähnlichen Intervention in gewachsene und allein vollzugseffiziente Normstrukturen des nationalen Rechtes Einhalt geboten wird."

2. Die einschlägigen Entscheidungen des Europäischen Gerichtshofs: Ergebnisse und offene Folgen

Der Stein des heftigen Anstoßes mag auf den ersten Blick eher geringfügig, ja geradezu alltäglich anmuten. Mit dem Urteil vom 28. Februar 1991 hat der Europäische Gerichtshof[12] im Vertragsverletzungsverfahren gemäß Art. 169 EWGV entschieden, die Bundesrepublik Deutschland habe dadurch gegen ihre Verpflichtungen aus dem EWG-Vertrag verstoßen, daß sie nicht fristgerecht alle erforderlichen Maßnahmen erlassen habe, um der Richtlinie des Rates vom 17. Dezember 1979 über den Schutz des Grundwassers gegen Verschmutzung durch bestimmte gefährliche Stoffe[13] nachzukommen. Wenig später hat der Gerichtshof in zwei parallelen Urteilen vom 30. Mai 1991[14] ausgesprochen, die Bundesrepublik habe auch dadurch gegen ihre Verpflichtungen aus dem EWG-Vertrag verstoßen, daß sie nicht fristgerecht alle erforderlichen Maßnahmen erlassen habe, um bestimmten, bis dahin wohl nur den Fachleuten bekannten Richtlinien auf dem Gebiet des Immissionsschutzes nachzukommen. Hierbei handelt es sich zum einen um die Richtlinie des Rates vom 15. Juli 1980 über Grenzwerte und Leitwerte der Luftqualität für Schwefeldioxid und Schwebestaub[15] und zum anderen um die Richtlinie des Rates vom 3. Dezember 1982 betreffend einen Grenzwert für den Bleigehalt in der Luft[16]. Schließlich hat der Gerichtshof durch Urteil vom 17. Oktober 1991[17] entschieden, die Bundesrepublik habe dadurch gegen den EWG-Vertrag verstoßen, daß sie nicht alle erforderlichen Rechts- und Verwaltungsvorschriften erlassen habe, um die Grenzwertbestimmungen der Richtlinie des Rates vom 16. Juni 1975 über die Qualitätsanforderungen an Oberflächenwasser für die Trinkwassergewinnung in den Mitgliedstaaten (sog. Rohwasserrichtlinie)[18] in innerstaatliches Recht

---

[12] EuGH, Rs. C-131/88 (Fn. 2).
[13] Richtlinie 80/68/EWG vom 17. 12. 1979, ABl. EG Nr. L 20/43.
[14] EuGH, Rs. C-361/88 und C-59/89 (Fn. 2).
[15] Richtlinie 80/779 EWG, ABl. EG Nr. L 229/30, zuletzt geändert durch die Richtlinie 80/427 EWG vom 14. 7. 1989, ABl. EG Nr. L 201/53.
[16] Richtlinie 82/884 EWG, ABl. EG Nr. L 378/15.
[17] EuGH, Rs. C-58/89 (Fn. 2).
[18] Richtlinie 75/440/EWG, ABl. EG Nr. L 194/34, geändert durch die Richtlinie 79/869/EWG vom 29. 10. 1979, ABl. EG Nr. L 271/44.

umzusetzen; außerdem habe die Bundesrepublik vertragswidrig ihren Mitteilungspflichten aus der Richtlinie des Rates vom 9. Oktober 1979 über die Meßmethoden sowie über die Häufigkeit der Probenahmen und der Analysen des Oberflächenwassers für die Trinkwassergewinnung in den Mitgliedstaaten[19] nicht in vollem Umfang Folge geleistet.

Mustert man die Begründungen der genannten Urteile durch, so zeigt sich, daß sie sich keineswegs in alltäglichen oder speziellen Aussagen erschöpfen. Die Tragweite ihrer Aussagen und ihrer offenen Folgen kann kaum überschätzt werden.

a) So enthält das *Urteil vom 28. Februar 1991*[20] für den deutschen Gewässerschutz ein schwerwiegendes Verdikt. Zur Umsetzung der *Grundwasserrichtlinie*[21] reicht nach der Ansicht des Europäischen Gerichtshofs alle Schärfe des deutschen Wasserrechts nicht aus. Diese Negativaussage betrifft den strikten rechtsbegrifflichen Gewässerschutz einschließlich des besonders strengen Besorgnisgrundsatzes (§ 34 Abs. 1 und 2 WHG)[22], das allgemeine repressive Verbot der Gewässerbenutzung, die hierauf beruhende öffentlich-rechtliche Benutzungsordnung[23], die speziellen gesetzlichen Anforderungen an Anlagen zum Umgang mit wassergefährdenden Stoffen (§§ 19 g ff. WHG), die ergänzenden Gebote der Abfallentsorgung (§ 4 AbfG), das über den strikten gesetzlichen Minimalschutz hinausgehende Bewirtschaftungsermessen der Wasserbehörden und das Instrument der normkonkretisierenden oder ermessensbindenden Verwaltungsvorschriften[24]. Apodiktisch formuliert der Gerichtshof[25]:

> „Die in Rede stehende Richtlinie soll einen wirksamen Schutz des Grundwassers in der Gemeinschaft sicherstellen, indem sie die Mitgliedstaaten durch genaue und detaillierte Vorschriften verpflichtet, eine zusammenhängende Regelung von Verboten, Genehmigungen und Überwachungsvorschriften zu erlassen, um Ableitungen bestimmter Stoffe zu verhindern oder zu begrenzen. Die Vorschriften der Richtlinie sollen also Rechte und Pflichten des einzelnen begründen."

---

[19] Richtlinie 79/869/EWG, ABl. EG Nr. L 271/44.

[20] EuGH, Rs. C-131/88 (Fn. 2).

[21] Oben Fn. 13.

[22] Vgl. *Breuer*, Öffentliches und privates Wasserrecht, 2. Aufl. 1987, Rdn. 128 und 203.

[23] Vgl. BVerfG, Beschluß vom 15. 7. 1981, E 58, S. 300 (328 ff., 344, 346 f.); *Breuer* (Fn. 22), Rdn. 65 ff., insbesondere 86 ff.; *Siedler/Zeitler/Dahme*, WHG, § 2 Rdn. 2 b; *Gieseke/Wiedemann/Czychowski*, WHG, 6. Aufl. 1992, § 2 Rdn. 3.

[24] Dazu *Breuer*, in: UTR (Fn. 1) Bd. 4, 1988, S. 91 (107 ff.) = NVwZ 1988, S. 104 (110 ff.); *ders.*, in: UTR (Fn. 1) Bd. 9, 1989, S. 43 (64 ff.); *ders.* (Fn. 22), Rdn. 195 ff., 221, 396; *ders.*, NVwZ 1990, S. 211 (222); jeweils m. w. N.; ferner unten die Nachweise in Fn. 36 und die Ausführungen zu III 3 a (1) und (2) mit Fn. 260 ff. und 270 ff.

[25] EuGH, Rs. C-131/88 (Fn. 2), S. 867, Rdn. 7.

Demgemäß hält es der Gerichtshof zur Sicherstellung eines vollständigen und wirksamen Schutzes des Grundwassers für „unerläßlich, daß die in der Richtlinie aufgestellten Verbote ausdrücklich in den nationalen Rechtsvorschriften vorgesehen sind"[26]. Damit ist die ausdrückliche Übernahme in ein Parlamentsgesetz oder eine Rechtsverordnung gemeint. Da die Grundwasserrichtlinie eine eigenständige und anspruchsvolle Nutzungsordnung enthält, aber ihrerseits höchst abstrakte und unbestimmte Tatbestände und Begriffe verwendet und vielfältige Auslegungszweifel aufwirft[27], greift die Forderung des Gerichtshofs tief in die gesetzlichen Strukturen des deutschen Wasserrechts ein. Das Urteil verlangt zumindest, daß das Wasserhaushaltsgesetz und die Landeswassergesetze für den Bereich des Grundwasserschutzes umgeschrieben werden.

Ungehört verhallt ist in der Sphäre des Gemeinschaftsrechts das hohe Lied, das im Naßauskiesungsbeschluß des Bundesverfassungsgerichts vom 15. Juli 1981[28] auf den Grundwasserschutz des Wasserhaushaltsgesetzes angestimmt worden war. Die spezifische, zur Sicherung einer funktionsfähigen Wasserbewirtschaftung geschaffene und vom Grundstückseigentum getrennte öffentlich-rechtliche Benutzungsordnung des Wasserhaushaltsgesetzes hat – aus welchen Gründen immer – das Gehör der europäischen Richter nicht gefunden. Ob diese Benutzungsordnung, wenn man sie strukturgerecht versteht und ihre Instrumente konsequent einsetzt, nicht in besonderem Maße geeignet ist, „genaue und detaillierte Vorschriften" gemeinschaftsrechtlicher Richtlinien umzusetzen, ist eine Frage, die so weder von der Kommission noch vom Gerichtshof der Europäischen Gemeinschaften aufgenommen worden ist. Sie ist daher auch nicht sachlich gewürdigt, sondern nur im Ergebnis verneint worden.

Möglicherweise reichen die Konsequenzen des Urteils noch weiter, nämlich in die Bereiche des Abfallrechts[29] und des Bodenschutzes hinein. Schwer zu beantworten ist zudem die Frage, inwieweit die geforderten wasserrechtlichen Strukturveränderungen auf den Grundwasserschutz beschränkt bleiben können oder wegen der gesetzlichen Zusammenhänge auf den Schutz der anderen Gewässerarten, nämlich der oberirdischen Gewässer und der Küstengewässer (§ 1 Abs. 1 Nr. 1 und 1 a WHG), erstreckt werden müssen.

---

[26] EuGH, Rs. C-131/88 (Fn. 2), S. 870, Rdn. 19 unter Bezugnahme auf EuGH, Urt. v. 27.4.1988, Rs. 252/85 (Kommission/Frankreich), Slg. 1988, S. 2243, Rdn. 19.

[27] *Salzwedel*, in: Rengeling (Fn. 4); *ders.* (Fn. 1), S. 80 ff.; *ders.*, UPR 1989, S. 41 ff.; *Lübbe-Wolff* (Fn. 1), S. 141 f., 142 ff.

[28] BVerfGE 58, S. 300 (328 ff., 344, 346 f.).

[29] Dazu einerseits *Schröder*, WiVerw. 1990, S. 118 ff.; *ders.* (Fn. 1), S. 165 ff.; *ders.*, DÖV 1991, S. 910 ff.; andererseits *Pernice*, NVwZ 1990, S. 414 ff.

Schließlich läßt schon das Urteil zur Grundwasserrichtlinie erkennen, daß der Europäische Gerichtshof Verwaltungsvorschriften zur Umsetzung gemeinschaftsrechtlicher Richtlinien prinzipiell verwirft. Damit ist auch das hochentwickelte System der emissionsbezogenen Anforderungen an das Einleiten von Abwasser und der normkonkretisierenden Abwasser-Verwaltungsvorschriften gemäß § 7 a WHG[30] rechtlich insoweit in Frage gestellt, als es der Umsetzung der Gewässerschutzrichtlinie vom 4. Mai 1976[31] und der hierzu seit 1982 erlassenen Folgerichtlinien für einzelne gefährliche Stoffe[32] dient. Praktisch bedeutet dies, daß das gesamte System des § 7 a WHG in Frage gestellt ist. Bedenkt man, daß gerade hiermit im deutschen Wasserrecht während der letzten Jahre konzeptionelle und administrative Erfolge erzielt worden sind[33], läßt sich die prekäre umweltpolitische Dimension der juristischen Debatte nicht mehr leugnen.

b) Nicht besser nimmt sich die Lage aus, die gegenwärtig infolge der Rechtsprechung des Europäischen Gerichtshofs auf dem *Gebiet des Immissionsschutzes* herrscht. Der deutsche Gesetzgeber hat bekanntlich durch das Bundes-Immissionsschutzgesetz vom 15. März 1974[34] und die

---

[30] Dazu *Breuer* (Fn. 22), Rdn. 367 ff. m. w. N.

[31] Richtlinie 76/464/EWG vom 4.5.1976 betreffend die Verschmutzung infolge der Ableitung bestimmter gefährlicher Stoffe in die Gewässer der Gemeinschaft, ABl. EG Nr. L 129/23.

[32] Richtlinie 82/176/EWG vom 22.3.1982 betreffend Grenzwerte und Qualitätsziele für Quecksilberableitungen aus dem Industriezweig Alkalichloridelektrolyse, ABl. EG Nr. L 81/29; Richtlinie 83/514/EWG vom 26.9.1983 betreffend Grenzwerte und Qualitätsziele für Cadmiumableitungen, ABl. EG Nr. L 291/1; Richtlinie 84/156/EWG vom 8.3.1984 betreffend Grenzwerte und Qualitätsziele für Quecksilberableitungen mit Ausnahme des Industriezweiges Alkalichloridelektrolyse, ABl. EG Nr. L 74/49; Richtlinie 84/491/EWG vom 9.10.1984 betreffend Grenzwerte und Qualitätsziele für Ableitungen von Hexachlorcyclohexan, ABl. EG Nr. L 296/11; Richtlinie 86/280/EWG vom 12.6.1986 betreffend Grenzwerte und Qualitätsziele für die Ableitung bestimmter gefährlicher Stoffe im Sinne der Liste I im Anhang der Richtlinie 76/464/EWG, ABl. EG Nr. L 181/16, geändert durch die Richtlinie 88/347/EWG vom 16.6.1988, ABl. EG Nr. L 158/35 (mit Sonderbestimmungen für Tetrachlorkohlenstoff; DDT; Pentachlorphenol; Aldrin, Dieldrin, Endrin und Isodrin; Hexachlorbutadien; Chloroform).

[33] Vgl. Rat von Sachverständigen für Umweltfragen, Umweltgutachten 1987, BT-Drucks. 11/1568, Tz. 89 ff., 1046 ff., 1092; *Sander*, in: Das neue Wasserrecht und seine Herausforderung für den Vollzug in den Ländern (Fn. 1), S. 113 ff.

[34] Gesetz zum Schutz vor schädlichen Umwelteinwirkungen durch Luftverunreinigungen, Geräusche, Erschütterungen und ähnliche Vorgänge (BImSchG), BGBl. I S. 721, ber. 1193; vgl. dazu *Ule*, in: Festschrift für Ludwig Fröhler, 1980, S. 349 ff.

Novellen zu diesem Gesetz[35] das Recht der genehmigungsbedürftigen
Anlagen mehrfach verschärft, aber auch den stoff- sowie den gebietsbezogenen Immissionsschutz fortentwickelt. Typisch ist für das deutsche
Recht nach wie vor das System der gebundenen Anlagengenehmigung
und der rechtsbegrifflichen Genehmigungsvoraussetzungen (§§ 5, 6
BImSchG). In diesem System stellt sich das Grundproblem der Gesetzes-
bindung, des rechtlichen Vollzugszwangs und der Justitiabilität mit
besonderer Schärfe. Zur Wahrung und zur Effektivierung dieses Systems
ist das Instrumentarium der normkonkretisierenden Verwaltungsvorschriften auch im deutschen Immissionsschutzrecht entwickelt worden –
in der Rechtsdogmatik wie in der Rechtspraxis, unter eingehender, durchaus kontroverser Diskussion, aber schließlich von der herrschenden Auffassung in Rechtsprechung und Lehre akzeptiert und vor allem durch die
TA Luft praktisch realisiert[36]. Vor diesem Hintergrund stellt es einen
juristischen Paukenschlag dar, daß der Europäische Gerichtshof in den
beiden *Urteilen vom 30. Mai 1991*[37] die Verwaltungsvorschriften im allgemeinen und die TA Luft im besonderen als Instrument zur Umsetzung
gemeinschaftsrechtlicher Richtlinien verworfen hat. Dessen war sich der
Gerichtshof wohl auch bewußt. Dennoch bleiben die Urteilsgründe hinsichtlich der Grundfragen merkwürdig abstrakt, letztlich also undeutlich.

Der Gerichtshof referiert zwar den wesentlichen Vortrag der Bundesrepublik Deutschland[38]: Die TA Luft sei keine gewöhnliche Verwaltungsvorschrift. Sie sei nach einem besonderen Verfahren unter Mitwirkung der
Vertreter der Wissenschaft, der Betroffenen, der beteiligten Wirtschaft,
des beteiligten Verkehrswesens und der obersten Landesbehörden erlassen und dem Bundesrat zur Zustimmung vorgelegt worden. Da sie eine
verbindliche Norm ausfüllen solle, sei sie ebenso verbindlich wie diese.
Dabei lasse sie der Verwaltung keinen Ermessensspielraum. Diese Auffassung werde durch die nationale Rechtsprechung bestätigt. Der allgemeine
Gesetzesbegriff der „schädlichen Umwelteinwirkungen" sei durch die in

[35] Gegenwärtig i. d. F. der Bekanntmachung vom 14.5.1990 (BGBl. I S. 880);
zuletzt geändert durch Gesetz vom 26.8.1992 (BGBl. I S. 1564); bedeutsame
Änderungen hat das BImSchG vor allem durch die 2. Novelle vom 4.10.1985
(BGBl. I S. 1950) und durch die 3. Novelle vom 11.5. 1990 (BGBl. I S. 870) erfahren; vgl. zur 2. Novelle etwa *Jarass*, NVwZ 1986, S. 607 ff.; zur 3. Novelle *Sellner,
Rebentisch* und *Hansmann*, NVwZ 1991, S. 305 ff., 310 ff. und 316 ff.
[36] Näher dazu *Breuer*, in: UTR (Fn. 1) Bd. 4, 1988, S. 91 ff. = NVwZ 1988,
S. 104 ff.; w. N. oben Fn. 24; ferner *Salzwedel*, NVwZ 1987, S. 276 (287); *Ossenbühl*, in: Isensee/Kirchhof (Hrsg.), Handbuch des Staatsrechts der Bundesrepublik
Deutschland, Bd. III, 1988, § 65 Rdn. 7 ff.; *Gerhardt*, NJW 1989, S. 2233 ff.; *Erbguth*, DVBl. 1989, S. 473 ff.; *Hill*, NVwZ 1989, S. 1018 ff.
[37] EuGH, Rs. C-361/88 und Rs. C-59/89 (Fn. 2).
[38] EuGH, Rs. C-361/88 (Fn. 2), S. 2600, Rdn. 14.

der TA Luft vorgeschriebenen Grenzwerte konkretisiert worden, und zwar auch für den Gehalt der Luft an Schwefeldioxid, Schwebestaub und Blei.

Trotzdem sperrt sich der Europäische Gerichtshof dagegen, sich auf die normative Konzeption des deutschen Immissionsschutzrechts einzulassen. Neben dem anlagenbezogenen Ansatz, dessen Eigenart, Reichweite und Europarechtskonformität noch zu beleuchten ist[39], wird die normkonkretisierende Verwaltungsvorschrift des deutschen Rechts vom Verdikt des Gerichtshofs getroffen. Dessen Kernaussage lautet[40]: Dem Bestreben der zugrundeliegenden Richtlinien, dem einzelnen die Geltendmachung seiner Rechte zu ermöglichen, genüge die Verwaltungsvorschrift auch bei den genehmigungsbedürftigen Anlagen nicht. Die Bundesrepublik und die Kommission stritten nämlich darüber, inwieweit in der deutschen Lehre und Rechtsprechung technischen Verwaltungsvorschriften zwingender Charakter zuerkannt werde. Es sei festzustellen, daß die Bundesrepublik im konkreten Fall der TA Luft keine nationale Gerichtsentscheidung angeführt habe, mit der dieser Verwaltungsvorschrift über ihre Verbindlichkeit für die Verwaltung hinaus unmittelbare Wirkung gegenüber Dritten zuerkannt würde. Es lasse sich also nicht sagen, „daß der Einzelne Gewißheit über den Umfang seiner Rechte haben kann, um sie gegebenenfalls vor den nationalen Gerichten geltend machen zu können, noch daß diejenigen, deren Tätigkeiten geeignet sind, Immissionen zu verursachen, über den Umfang ihrer Verpflichtungen hinreichend unterrichtet sind". Somit sei nicht nachgewiesen, daß die Durchführung der zugrundeliegenden Grenzwertbestimmungen der Richtlinien „mit unbestreitbarer Verbindlichkeit und mit der Konkretheit, Bestimmtheit und Klarheit" erfolgt sei, die nach der Rechtsprechung des Gerichtshofs notwendig sei[41].

Das Verdikt dieser Urteile trifft das deutsche Immissionsschutzrecht an zentraler Stelle. Das Echo ist abermals entsprechend heftig und meist kritisch[42]. Immerhin enthält die TA Luft den Versuch, die Luftreinhaltung durch Immissions- und Emissionsbegrenzungen möglichst in den Frontbereich der naturwissenschaftlichen Erkenntnisse und des Standes der Technik (§ 3 Abs. 6 BImSchG) voranzutreiben, umstrittene naturwis-

---

[39] Unten III 3 a (4) mit Fn. 303 ff.

[40] EuGH, Rs. C-361/88 (Fn. 2), S. 2602, Rdn. 20; Rs. C-59/89 (Fn. 2), S. 2632, Rdn. 23.

[41] EuGH, Rs. C-361/88 (Fn. 2), S. 2602 f., Rdn. 21; Rs. C-59/89 (Fn. 2), S. 2632, Rdn. 24.

[42] *Hansmann* (Fn. 1); *Langenfeld/Schlemmer-Schulte*, EuZW 1991, S. 622 ff.; *Weber*, UPR 1992, S. 5 ff.; *v. Danwitz*, VerwArch. 1993, S. 73 ff.; eher zustimmend hingegen *Steiling*, NVwZ 1992, S. 135 ff.

senschaftliche und technische Einzelheiten normkonkretisierend zu erfassen und die praktisch wichtigen Meß- und Berechnungsverfahren möglichst „dicht" mitzuregeln; auf diese Spezifika ist zurückzukommen[43]. Nachdem die deutsche Rechts- und Verwaltungspraxis des Immissionsschutzes ihre europarechtliche Lektion vernommen hatte, war zunächst zu hören, man werde so rasch wie möglich die Konsequenzen aus den Urteilen des Europäischen Gerichtshofs ziehen. Es scheint angesichts dieser Rechtsprechung auch nahezuliegen, zur Umsetzung einschlägiger Richtlinien Rechtsverordnungen anstelle von Verwaltungsvorschriften zu erlassen[44]. Ein solches Vorgehen drängt sich um so mehr auf, als das Bundes-Immissionsschutzgesetz ohnehin beide Regelungsformen des Exekutivrechts nebeneinander vorsieht (§§ 7, 48, 48 a, 51 BImSchG). Hinzu kommt, daß ein wichtiger Teilbereich, nämlich die zur Erfüllung des Vorsorgegrundsatzes nach § 5 Abs. 1 Nr. 2 BImSchG gebotene Emissionsbegrenzung bei Großfeuerungsanlagen, bereits in einer bewährten Rechtsverordnung, der 13. BImSchV vom 22. Juni 1983[45], geregelt ist.

Indessen erweist sich die angekündigte Umstellung von Verwaltungsvorschriften auf Rechtsverordnungen des Immissionsschutzes bei näherem Hinsehen doch als schwieriges Unterfangen. Die Großfeuerungsanlagen bilden wegen der konzentrierten und staatsnahen Unternehmensstruktur der im wesentlichen betroffenen Energiewirtschaft, wegen der technischen Homogenität und angesichts der inhaltlichen Beschränkung der 13. BImSchV auf die Emissionsbegrenzung einen Sonderfall. Verallgemeinernde Schlußfolgerungen können hieraus nicht abgeleitet werden. Die erwähnten Spezifika der TA Luft haben sich in Form und Inhalt dieses Regelungswerks niedergeschlagen. Eine vollständige Übernahme ihrer Inhalte in eine klassisch formulierte Rechtsverordnung dürfte kaum möglich sein. Eine partielle Übernahme würde zu einem fragwürdigen Nebeneinander von neuen Rechtsverordnungen und fortgeltenden Verwaltungsvorschriften[46] führen. Deren Verhältnis könnte sich leicht zu einer Quelle ständiger Zweifel und Kontroversen entwickeln. Unklar ist ferner, ob und inwiefern der Europäische Gerichtshof eine gesetzliche Novellierung des gebietsbezogenen Immissionsschutzes (§§ 44–49 BImSchG) aus der gemeinschaftsrechtlichen Sicht wegen der Kontrolle der Luftqualität für erforderlich hält[47]. Des weiteren ist nicht einfach zu

---

[43] Unten III 3 a (1) und (2) mit Fn. 260 ff., 270 ff.
[44] In diesem Sinne *Bönker*, DVBl. 1992, S. 804 (810 f.), der meint, die Rechtsverordnung sei für die Festlegung von Umweltstandards geradezu „prädestiniert".
[45] BGBl. I S. 719: Verordnung über Großfeuerungsanlagen.
[46] So auch *Hansmann* (Fn. 1), S. 30.
[47] *Hansmann* (Fn. 1), S. 24 f., 27.

klären, wie in den untergesetzlichen Regelungen die überkommene Aus-
richtung auf die genehmigungsbedürftigen Anlagen in praktikabler und
effektiver Weise auf andere Anlagen erweitert oder durch einen verstärk-
ten gebietsbezogenen Immissionsschutz ergänzt werden soll. Schließlich
hat der Europäische Gerichtshof in den Urteilen zum Immissionsschutz
noch entschiedener als in dem früheren Urteil zum Grundwasserschutz
das Postulat eines allgemeinen, nicht näher begründeten und in dieser
Pauschalität fragwürdigen Drittschutzes hervorgekehrt[48]. Damit hat er –
staunenswert radikal – eines der schwierigsten Themen des modernen
Verwaltungsrechts ins Spiel gebracht, das nicht als isoliertes Element,
sondern nur im Gesamtzusammenhang einer Rechtsordnung sachgerecht
erörtert und angemessen gelöst werden kann[49]. Anders und nicht weniger
radikal formuliert, scheint es, als wolle der Europäische Gerichtshof dem
Marktbürger einen generellen Normvollziehungsanspruch und demgemäß auch eine allgemeine Klagebefugnis hinsichtlich aller hinreichend
bestimmten, in nationales Recht umzusetzenden Anforderungen der
Umweltrichtlinien zuerkennen.

Allein die Aufzählung dieser Probleme erklärt bereits, weshalb die
deutsche Rechts- und Verwaltungspraxis den von ihr verlangten Wandel
von der TA Luft zur Rechtsverordnung bisher nicht vollzogen hat, nicht
einmal einen diskutierbaren Entwurf hierzu hervorgebracht hat und in
solcher Lage eher ratlos erscheint. Der Rechtswissenschaftler muß zuge-
ben, daß es ihm kaum besser ergeht.

c) Bestätigt und abgerundet wird das Bild durch die Verurteilung der
Bundesrepublik wegen des von der Kommission erhobenen Vorwurfs, die
Grenzwertbestimmungen der Rohwasserrichtlinie vom 16. Juni 1975[50]
nicht hinreichend in innerstaatliches Recht umgesetzt zu haben. Die
Bundesrepublik hatte auf diesen Vorwurf entgegnet, die Einhaltung der
eingegangenen Verpflichtung werde von den betroffenen Bundesländern
sichergestellt. Dies geschehe zum einen durch ministerielle, amtlich veröf-
fentlichte Runderlasse und Verwaltungsvorschriften, aufgrund derer die
örtlichen Behörden die vorgeschriebene Wassereinteilung vornähmen,
und zum anderen durch Einzelbescheide an die Betreiber der Wasserent-

---

[48] Vgl. die Nachweise in Fn. 40; zur Bewertung *Hansmann* (Fn. 1), S. 25 ff.;
ähnlich, wenngleich zweifelnd, *Everling*, ebda., S. 17 f.; *ders.*, NJW 1993, S. 209
(215); näher dazu unten III 3 a (5) mit Fn. 326 ff.

[49] Dazu *Stockburger*, WUR 1991, S. 315 (317); allgemein zum Drittschutz im
Umweltrecht statt vieler *Marburger*, Ausbau des Individualschutzes gegen
Umweltbelastungen als Aufgabe des bürgerlichen und des öffentlichen Rechts,
Gutachten C für den 56. Deutschen Juristentag, 1986, C 16 ff., 51 ff.; *Kloepfer*,
Umweltrecht, 1989, § 5 Rdn. 15 ff.

[50] Oben Fn. 18.

nahmestellen[51]. Der Europäische Gerichtshof hat auch in diesem Fall die behördenverbindliche und objektivrechtlich strikte Umsetzung im Rahmen der öffentlichen Bewirtschaftung des deutschen Wasserrechts für unzureichend erachtet. In dem *Urteil vom 17. Oktober 1991*[52] heißt es dazu abermals, die Bundesrepublik habe nicht dargetan, daß die angeführten Runderlasse und Verwaltungsvorschriften unmittelbare Außenwirkung hätten. Die Bestimmungen des Wasserhaushaltsgesetzes böten keine Rechtsgrundlage für eine solche Wirkung. Die Bundesrepublik habe daher nicht den Nachweis erbracht, daß die Durchführung der Grenzwertbestimmungen der Richtlinie „mit unbestreitbarer Bindungswirkung und in der spezifischen, bestimmten und klaren Weise erfolgt wäre, die nach der Rechtsprechung des Gerichtshofes zur Wahrung des Erfordernisses der Rechtssicherheit geboten" seien.

3. Zwischenbilanz: Das Bild unbewältigter Strukturprobleme

Die Umweltpolitik der Europäischen Gemeinschaften ist mithin, in Richtlinien gemäß Art. 189 Abs. 3 EWGV und Urteile des Europäischen Gerichtshofs gekleidet, mit zupackender Geste auf der Bühne der deutschen Rechtsordnung eingezogen. Mit dem Gewässer- und dem Immissionsschutz haben die geschilderten Konflikte Präsentierstücke des deutschen Umweltrechts ergriffen. Damit soll nicht etwa die überhebliche und falsche Behauptung aufgestellt werden, daß die normative Regelung und der administrative Vollzug dieser Teilgebiete des deutschen Umweltrechts mangelfrei und über jede Kritik erhaben seien. Wer ihr normatives und administratives Erscheinungsbild kennt, weiß um ihre Schwächen. Er weiß aber auch, daß die Bundesrepublik Deutschland auf den Gebieten des Gewässer- und Immissionsschutzes bei einem Vergleich der Rechts- und Verwaltungssysteme keineswegs schlecht abschneidet, sondern insgesamt an der Front der umweltpolitischen und rechtlichen Schutz- und Vorsorgebemühungen steht[53]. Gerade auf diesen Gebieten sind zudem manche Richtlinien der Europäischen Gemeinschaften von der Bundesre-

---

[51] Wiedergegeben vom EuGH, Rs. C-58/89 (Fn. 2), S. 762, Rdn. 11; vgl. dazu auch *Breuer*, WiVerw. 1990, S. 82 f., 104 ff.

[52] EuGH, Rs. C-58/89 (Fn. 2), S. 762, Rdn. 15, 18.

[53] Vgl. zum Gewässerschutz die Nachweise oben Fn. 33; zum Immissionsschutz Bericht der Bundesregierung, in: BT-Drucks. 11/6894; ferner *Offermann-Clas*, Luftreinhaltung in der Bundesrepublik Deutschland, 1984, S. 111 f. (Zusammenfassung); Neuere Entwicklungen im Immissionsschutzrecht, hrsg. vom Ministerium für Umwelt, Raumordnung und Landwirtschaft des Landes Nordrhein-Westfalen, 1991; *Breuer*, in: UTR (Fn. 1) Bd. 17, 1992, S. 155 ff. (vergleichende Betrachtungen zum deutschen, französischen und niederländischen Atom- und Immissionsschutzrecht).

publik initiiert oder maßgeblich beeinflußt worden. Aber was hat dann, so muß man um so eindringlicher fragen, die Konflikte mit dem Gemeinschaftsrecht und die Prozeßniederlagen der Bundesrepublik verursacht?

Handelt es sich bei alledem vielleicht, so mag man weiterfragen, um unausbleibliche Symptome des Wachstums, da die Umweltpolitik und das Umweltrecht der Europäischen Gemeinschaften mit erklärter Integrationsabsicht ausgeweitet werden[54] und die mitgliedstaatlichen Rechtsordnungen folglich einem Anpassungszwang ausgesetzt sind? Sollte man deshalb nicht besser als „guter Europäer" und zumal als nüchterner Jurist zur Besänftigung der aufgeregten Gemüter beitragen und die unausweichlichen Anpassungen des nationalen Rechts klaglos einleiten? Muß nicht – zugespitzt formuliert – vorrangig der umweltpolitische und zugleich europapolitische Konsens angestrebt werden? Sollte nicht demgemäß das Aufbegehren der nationalen Rechtsordnungen gegen die zwangsläufigen Anpassungen ein Ende finden?

Alle diese Fragen möchte man vielleicht gerne bejahen, um sich zu beruhigen und zum nationalen wie zum supranationalen Rechtsalltag zurückzukehren. Indessen verbietet sich eine solche Beschwichtigung, sofern die aufgetretenen Konflikte bei nüchterner Analyse *nicht* als bloße Wachstums- und Anpassungssymptome des europäischen Integrationsprozesses aufgefaßt werden können, sondern Ausdruck grundsätzlicher, allgegenwärtiger und unbewältigter Strukturprobleme der aktuellen umweltpolitischen sowie der längerfristigen rechtlichen Integrationsbemühungen sind. Schon der derzeitige Befund der Konflikte und der bisherigen Ergebnisse zeigt die Existenz solcher Strukturprobleme im Verhältnis zwischen dem nationalen und dem supranationalen Recht an. Offenbar sind die existierenden Strukturprobleme bisher unterschätzt worden. Die aktive Umweltpolitik der Europäischen Gemeinschaften hat sie unversehens aufbrechen lassen.

Dieser Eindruck verstärkt sich, wenn man bedenkt, daß die Umweltrichtlinien der Gemeinschaften zum Teil bereits wesentlich komplexere Inhalte aufweisen, als sie in den genannten Richtlinien des Gewässer- und Immissionsschutzes zu finden sind. Beispiele bilden die Richtlinie vom 27. Juni 1985 über die Umweltverträglichkeitsprüfung bei bestimmten öffentlichen und privaten Projekten[55], die Richtlinie vom 7. Juni 1990 über den freien Zugang zu Informationen über die Umwelt[56] und die Richtlinie vom 21. Mai 1992 zur Erhaltung der natürlichen Lebensräume sowie der

---

[54] Vgl. dazu den Bericht von *Heinz/Zils*, in: UTR (Fn. 1) Bd. 17, 1992, S. 301 ff.

[55] Richtlinie 85/337/EWG, ABl. EG Nr. L 175/40.

[56] Richtlinie 90/313/EWG, ABl. EG Nr. L 158/56.

wildlebenden Tiere und Pflanzen[57]. Die Umsetzung solcher übergreifend angelegten Richtlinien in das deutsche Recht hat sich bereits als besonders schwierig und konfliktträchtig erwiesen[58]. Die insoweit eines Tages zu erwartende Umsetzungskontrolle durch die Kommission und den Gerichtshof der Europäischen Gemeinschaften läßt vor dem Hintergrund der bisherigen Erfahrungen sorgenvolle Ahnungen aufkommen.

II. Supranationale Umweltpolitik aus der Sicht des Gemeinschaftsrechts

Versucht man, die Umweltpolitik der Europäischen Gemeinschaften aus der supranationalen Sicht des Gemeinschaftsrechts zu betrachten, so gilt es, die maßgebenden Grundlagen und Rahmenbedingungen zu erfassen. Hervorzuheben sind daher die gemeinschaftsrechtlichen Kompetenzgrundlagen, die Umweltprogramme der Europäischen Gemeinschaften, das hierin artikulierte Aktionsdenken der Gemeinschaftsebene sowie das Instrument der Richtlinie gemäß Art. 189 Abs. 3 EWGV.

1. Kompetenzgrundlagen

a) Die *Einheitliche Europäische Akte*[59] hat mit Wirkung vom 1. Juli 1987 die Umweltpolitik der Europäischen Gemeinschaften auf neue Kompetenzgrundlagen gestellt und in diesem Zusammenhang auch an neue Verfahrensgrundsätze sowie an materiellrechtliche Ziel- und Grundsatznormen gebunden. Damit hat der vorausgegangene Disput über die Kompetenz der Gemeinschaften für den Umweltschutz[60] seine Erledigung gefunden. Die geltende Kompetenzlage gründet sich vor allem auf zwei unterschiedliche Rechtstitel. Zum einen können umweltrelevante Rechtsakte der Gemeinschaften, insbesondere Umweltrichtlinien, gemäß Art. 100 a EWGV im kompetenzrechtlichen Gewand von „Maßnahmen zur Angleichung der Rechts- und Verwaltungsvorschriften der Mitgliedstaaten, die die Errichtung und das Funktionieren des Binnenmarktes zum Gegenstand haben", erlassen werden. In darauf gerichteten Vorschlägen

---

[57] Richtlinie 92/43/EWG, ABl. EG Nr. L 206/7.

[58] Zu den Schwierigkeiten bei der Umsetzung der UVP-Richtlinie statt vieler: *Hennecke,* in: UTR (Fn. 1) Bd. 9, 1989, S. 117 ff.; *Gusy,* in: UTR (Fn. 1) Bd. 15, 1991, S. 3 ff.; *Schmidt-Aßmann,* in: Festschrift für Karl Doehring, 1989, S. 889 ff.; ferner zur Umweltinformationsrichtlinie *v. Schwanenflügel,* DVBl. 1991, S. 93 ff.; *Erichsen,* NVwZ 1992, S. 409 ff.; *Wegener,* IUR 1992, S. 211 ff.

[59] Vom 17.2./28.2.1986, ABl. EG 1987 Nr. L 169/1 sowie BGBl. 1986 II S. 1104.

[60] Zuletzt *Kloepfer,* UPR 1986, S. 321 ff.; vgl. im übrigen die Nachweise bei *Pernice,* UTR (Fn. 1) Bd. 7, 1989, S. 9 (11).

muß die Kommission in den Bereichen Gesundheit, Sicherheit, Umweltschutz und Verbraucherschutz von einem „hohen Schutzniveau" ausge-
hen (Art. 100 a Abs. 3 EWGV). Darüber hinaus gelten auch für die
Verwirklichung des Binnenmarktes die Erfordernisse des Umweltschutzes, wie die Querschnittsklausel des Art. 130 r Abs. 2 Satz 2 EWGV
klarstellt. Zum anderen verfügen die Gemeinschaften seit der Einheitlichen Europäischen Akte über eine unmittelbare und eigenständige Kompetenz für die Umweltpolitik nach Maßgabe des Art. 130 r–130 t EWGV.

Das Verhältnis zwischen diesen beiden Kompetenztiteln ist nur teilweise geklärt und im übrigen Gegenstand lebhafter Diskussionen[61]. Die
binnenmarktbezogene Rechtsangleichungskompetenz genießt einen
unstreitigen und umfassenden Vorrang gegenüber der allgemeinen
Rechtsangleichungskompetenz des Art. 100 EWGV[62] und nach herr-
schender Meinung[63] auch einen grundsätzlichen Vorrang gegenüber der
spezifischen Umweltkompetenz der Gemeinschaften nach den Art. 130 r
und s EWGV. Diese ist seinerzeit als zusätzliche Kompetenz konzipiert
worden. Deshalb ist sie nicht dazu bestimmt, die binnenmarktbezogene
Kompetenz einzuschränken. Umstritten ist jedoch, ob eine Maßnahme
wegen jedweder Relevanz für den Binnenmarkt, also wegen jeder Auswir-
kung auf den Wettbewerb, auf den Kompetenztitel des Art. 100 a EWGV
gestützt werden muß und damit dem Anwendungsbereich der spezifischen Umweltkompetenz (Art. 130 r–130 t EWGV) entzogen ist. Der
Europäische Gerichtshof hat diese Frage in einem vielbeachteten Urteil
vom 11. Juni 1991[64] bejaht. Demgemäß hat der Gerichtshof, einer Aufsichtsklage der Kommission nach Art. 173 Abs. 1 EWGV stattgebend, die
auf Art. 130 s EWGV gestützte Titandioxid-Richtlinie des Rates vom
21. Juni 1989[65] für nichtig erklärt. Die Begründung geht von dem
Umstand aus, daß die binnenmarktbezogene Rechtsangleichung und das
Tätigwerden der Gemeinschaften aufgrund der spezifischen Umweltkom-

---

[61] Vgl. *Breuer*, in: UTR (Fn. 1) Bd. 9, 1989, S. 43 (86 ff.); *Pernice* (Fn. 60),
S. 41 ff.; ders., NVwZ 1990, S. 201 (203 ff.); *Krämer*, in: Rengeling (Fn. 4), S. 137
(157 ff.); *Grabitz/Zacker*, NVwZ 1989, S. 301 ff.; *Hailbronner*, EuGRZ 1989,
S. 105 ff.; eingehend *Palme*, Nationale Umweltpolitik in der EG, 1992.
[62] Nachweise in Fn. 61; ferner *Müller-Graff*, EuR 1989, S. 107 (132); w. N.
bei *Henke*, EuGH und Umweltschutz, 1992, S. 83.
[63] So *Lietzmann*, in: Rengeling (Fn. 4), S. 178; *Krämer*, ebda., S. 159; *Gra-
bitz/Zacker*, NVwZ 1989, S. 301 ff.; *Hailbronner*, EuGRZ 1989, S. 105 ff.; *Grabitz*,
in: ders. (Hrsg.), Kommentar zum EWGV, Loseblatt, Stand: Juni 1990, Art. 130 s
Rdn. 21; *Palme* (Fn. 61), S. 31 ff; *Henke* (Fn. 62), S. 91.
[64] EuGH, Rs. C-300/89 (Kommission/Rat), EuR 1991, S. 175.
[65] Richtlinie 89/428/EWG über die Modalitäten zur Vereinheitlichung der
Programme zur Verringerung und späteren Unterbindung der Verschmutzung
durch Abfälle der Titandioxid-Industrie, ABl. EG Nr. L 201/56.

petenz auf verschiedene Verfahrenswege verwiesen ist. Die binnenmarktbezogene Rechtsangleichung unterliegt dem Verfahren der Zusammenarbeit mit dem Europäischen Parlament und kann mit qualifizierter Mehrheit beschlossen werden (Art. 100a Abs. 1 i. V. m. Art. 149 EWGV).
Maßnahmen aufgrund der spezifischen Umweltkompetenz müssen –
ohne Zusammenarbeit mit dem Europäischen Parlament – im Verfahren
nach Art. 130s EWGV einstimmig beschlossen werden. Hieran anknüp-
fend, begründet der Europäische Gerichtshof seine extrem binnenmarktorientierte Kompetenzthese mit einem integrations- und verfassungspolitischen Argument: Er entscheidet sich für den totalen und formalen
Vorrang der Binnenmarktkompetenz, um dem Verfahren der Zusammenarbeit mit dem Europäischen Parlament und dem Mehrheitsprinzip die
weitestmögliche Anwendung zu gewährleisten[66]. Daneben erkennt er dem
in die gleiche Richtung weisenden Vertragsziel der Wettbewerbsgleichheit
eine ausschlaggebende Bedeutung zu[67].

Dennoch vermag diese Rechtsprechung nicht zu überzeugen. Sie ist
einseitig und unausgewogen. Gegen sie spricht schon ihr praktisches
Ergebnis, nämlich die annähernd vollständige Verdrängung der spezifischen Umweltkompetenz und der hiermit verbundenen Ausübungsprin-
zipien durch die Binnenmarktkompetenz. Gegen die These des Europäischen Gerichtshofs sprechen ferner ihre zentralistischen Implikationen.
Sie hat nämlich zur Folge, daß die supranationalen Maßnahmen, insbesondere Umweltrichtlinien, prinzipiell eine Bindungswirkung „nach oben
wie nach unten" ausüben, während sie anderenfalls – gemäß Art. 130t
EWGV – nur Mindestvorschriften wären[68]. Der nationale Alleingang im
Interesse eines stärkeren Umweltschutzes wäre im wesentlichen auf die
engen Voraussetzungen des Art. 100a Abs. 4 und 5 EWGV[69] beschränkt.
Der grundsätzliche Vorbehalt eines nationalen Alleingangs zur Einführung verstärkter Schutzmaßnahmen nach Art. 130t EWGV[70] wäre fast
gänzlich ausgehebelt. Mithin wäre die quasi-föderative Kompetenzverteilung des Gemeinschaftsrechts durch eine einseitige Zuordnung gestört,
nämlich zu Lasten der Mitgliedstaaten aus der systematisch gebotenen
und vertraglich vereinbarten Balance gebracht. Zugleich wäre die supranationale Umweltpolitik prinzipiell ihrer eigenständigen Kompetenz- und

---

[66] EuGH (Fn. 64), Rdn. 20; vgl. auch zu den „Demokratisierungsbestrebun-
gen" des EuGH *Zuleeg*, NJW 1993, S. 31 (33).

[67] EuGH (Fn. 64), Rdn. 23.

[68] *Schröer*, EuR 1991, S. 356 (366).

[69] Dazu *Pernice* (Fn. 60), S. 19 ff.; *ders.*, NVwZ 1990, S. 206 ff.

[70] Dazu *Zuleeg*, NVwZ 1987, S. 280 (284); *Pernice* (Fn. 60), S. 46; *Breuer*
(Fn. 61), S. 100 f.; *Krämer*, UTR (Fn. 1) Bd. 12, 1990, S. 437 (446 ff.).

Ausübungsgrundlagen beraubt[71]. Der fruchtbare, von den Art. 130 r und t EWGV durchaus erstrebte Wettbewerb zwischen supranationaler und nationaler Umweltpolitik wäre weithin blockiert. Soweit nicht auf Gemeinschaftsebene eine neue Mehrheit im Rat zustande kommt oder von vornherein eine spezielle Schutzklausel nach Art. 100 a Abs. 5 EWGV vereinbart ist, wäre eine Verbesserung der einmal beschlossenen Maßnahmen zugunsten des Umweltschutzes nur noch unter den erschwerten formellen und materiellen Voraussetzungen des Art. 100 a Abs. 4 EWGV zulässig. Daß die Auslegung dieser Voraussetzungen auch im übrigen weithin umstritten ist[72], sei nur am Rande erwähnt.

b) Durch den *Vertrag über die Europäische Union*[73] soll bekanntlich der EWG-Vertrag „im Hinblick auf die Gründung einer Europäischen Gemeinschaft" tiefgreifend geändert werden. Dadurch sollen u. a. an die Stelle der bisherigen Art. 130 r–130 t EWGV die neugefaßten Art. 130 r–130 t EGV treten. Die vorgesehenen Neuerungen können hier nicht im einzelnen gewürdigt werden. Hervorgehoben sei jedoch, daß danach künftig auch Rechtsakte aufgrund der spezifischen Umweltkompetenz in einem modifizierten Verfahren der Zusammenarbeit mit dem Europäischen Parlament sowie mit qualifizierter Mehrheit zu beschließen sind[74]. Zu Recht ist bereits angemerkt worden, daß in diesem Lichte die extrem binnenmarktorientierte Kompetenzauslegung des Europäischen Gerichtshofs und die verfehlte, bisher schon kritisierte Verdrängung der spezifischen Umweltkompetenz überprüft und revidiert werden sollten[75]. Jedenfalls ist es nach den Bestimmungen des EG-Vertrages künftig nicht mehr möglich, den integrations- und verfassungspolitischen Aspekt gegen die quasi-föderative Kompetenzbalance und die Belange eines fortschrittlichen Umweltschutzes auszuspielen. Der Europäische Gerichtshof hat insoweit die Chance, seine eigene Rechtsprechung zu korrigieren, ohne sein Ansehen aufs Spiel setzen zu müssen. Eine ausgewogene Kompetenzabgrenzung muß sowohl der binnenmarktbezogenen Rechtsanglei-

---

[71] Vgl. *Everling*, EuR 1991, S. 179 (181); *Epiney*, JZ 1992, S. 564 (567); *Palme* (Fn. 61), S. 34 ff.

[72] Vgl. zum Streitstand etwa *Pernice* (Fn. 60), S. 19 ff.; *Breuer* (Fn. 61), S. 95 ff.; *Jarass*, EuZW 1991, S. 530 (532); *Soell*, NuR 1990, S. 155 (160); *Langeheine*, in: Grabitz (Fn. 63), Art. 100 a Rdn. 65; umfassend *Palme* (Fn. 61), S. 78 ff., und *Schröer*, Die Kompetenzverteilung zwischen der Europäischen Wirtschaftsgemeinschaft und ihren Mitgliedstaaten auf dem Gebiet des Umweltschutzes, 1992, S. 226 ff.

[73] ABl. EG 1992 C 191; zusammen mit der geänderten vollständigen Fassung des EWG-Vertrages, in: ABl. EG 1992 C 224.

[74] Art. 130 s Abs. 1 EGV i. V. m. Art. 189 c EGV; bisher Art. 149 Abs. 2 EWGV, dazu *Breuer* (Fn. 61), S. 93 ff.

[75] So *Epiney/Furrer*, EuR 1992, S. 369 (394).

chungskompetenz als auch der unmittelbaren und eigenständigen Umweltkompetenz einen substantiellen Anwendungsbereich sichern. Dies läßt sich nur erreichen, indem man die Rechtsakte der Gemeinschaft nach ihrem Regelungsinhalt und ihrem objektiven Schwerpunkt entweder der einen oder der anderen Kompetenz zuordnet[76].

2. Die Umweltprogramme der Europäischen Gemeinschaften

Die Europäischen Gemeinschaften haben seit 1973 Aktionsprogramme für den Umweltschutz verkündet. Hierbei handelt es sich weder um Rechtsnormen noch um administrative Vollzugsakte. Im Schrifttum hat man diese Aktionsprogramme vielmehr als „Mischung aus politischer Absichtserklärung, Situationsanalyse und rechtspolitischer Reflexion" gekennzeichnet[77]. Ende 1992 ist das Vierte Aktionsprogramm[78] ausgelaufen, das für die Jahre 1987 bis 1992 gültig war. Mit dem Beginn des Jahres 1993 ist es durch das Fünfte Aktionsprogramm unter dem Titel „Für eine dauerhafte und umweltgerechte Entwicklung"[79] abgelöst worden. Die Kommission hat es am 18. März 1992 beschlossen, der Ministerrat hat es am 16. Dezember 1992 gebilligt. Obwohl es – ebenso wie seine Vorläufer – im strengen Sinne juristisch irrelevant ist, lohnt seine Lektüre auch für denjenigen, der im umweltpolitischen Entwicklungsstrom nach rechtlichen Konzepten, Tendenzen und Instrumenten sucht.

In Erkenntnis ungelöster Umweltprobleme bekennen sich die Europäischen Gemeinschaften in ihrem Fünften Aktionsprogramm zu einer *neuen Strategie für Umwelt und Entwicklung*[80]. Die emphatisch verkündete neue Strategie soll einem umfassenden Konzept folgen und alle umweltrelevanten Akteure und Aktivitäten einbeziehen. Um angesichts der Naturzerstörungen und Umweltschäden Prioritäten setzen zu können, sieht das Fünfte Aktionsprogramm folgende *sechs Tätigkeitsfelder* für vorrangige Maßnahmen vor[81]:

- Dauerhafte und umweltgerechte Bewirtschaftung der natürlichen Ressourcen: Boden, Wasser, Naturlandschaften und Küstengebiete
- Integrierter Umweltschutz und Vermeidung von Abfällen

---

[76] So bereits für die bestehende Rechtslage *Breuer* (Fn. 61), S. 89 m. w. N.; in einem nach der Abfassung dieses Beitrags bekanntgewordenen Urteil scheint der EuGH seine Rechtsprechung in dem hier befürworteten Sinne korrigieren zu wollen; so EuGH, Urt. v. 17.3.1993, Rs. C-155/91 (Kommission/Rat), noch nicht veröffentlicht; dazu demnächst *Faßbender*, in: UTR (Fn. 1) Bd. 21, 1993.

[77] *Boisserée*, UTR (Fn. 1) Bd. 5, 1988, S. 385 (388).

[78] Vom 18.3.1987, ABl. EG 1987 C 70/1.

[79] ABl. KOM (92) 23, endg. Vol. II; dazu *Wägenbaur*, EuZW 1993, S. 241 ff.

[80] Ebda., Teil 1 Kap. 2, S. 27 f.

[81] Ebda., Zusammenfassung, S. 6.

– Verringerung des Verbrauchs nichterneuerbarer Energien
– Verbessertes Mobilitätsmanagement mit effizienteren und umweltge-
rechteren Standortbestimmungsverfahren und Transportarten
– Einheitliche Maßnahmepakete zur Verbesserung der Umweltqualität in
städtischen Gebieten
– Verbesserung von Gesundheit und Sicherheit der Bevölkerung unter besonderer Berücksichtigung von industrieller Risikoabschätzung bzw. in-
dustriellem Risikomanagement, nuklearer Sicherheit und Strahlenschutz

Als *ausgewählte Schwerpunktbereiche* nennt das Fünfte Aktionsprogramm Industrie, Energie, Verkehr, Landwirtschaft und Tourismus[82].
Entsprechend weit nimmt sich der Katalog der genannten *Programmthe-
men und -ziele* aus. Er umfaßt: Klimaveränderung, Übersäuerung und
Luftqualität, Natur- und Artenschutz, Wasserwirtschaft, städtische
Umwelt, Küstengebiete und Abfallwirtschaft[83]. Auch die anvisierte
Erweiterung der Palette von Instrumenten läßt kaum eine umweltpolitische Wunschvorstellung offen. Die Liste des Fünften Aktionsprogramms
führt als Zusatzinstrumente auf: Verbesserung der umweltbezogenen
Informationen, wissenschaftliche Forschung und technologische Entwicklung, sektorbezogene Planung und Raumplanung, richtige Preissi-
gnale als Ausprägung des „ökonomischen Konzepts", Information und
Erziehung, berufliche Aus- und Weiterbildung sowie finanzielle Hilfen[84].
An diesem Aktionsprogramm gemessen, erscheint die Umweltgesetz-
gebung der Bundesrepublik Deutschland wie auch der Inhalt der
Umweltprogramme der deutschen Bundesregierung[85] geradezu als Stück-
werk sowie als biederer Kanon traditioneller Regelungen und Maßnahmen. Vielleicht ist dieser Eindruck auch beabsichtigt. Offenbar ist das
Fünfte Aktionsprogramm der Europäischen Gemeinschaften „Für eine
dauerhafte und umweltgerechte Entwicklung" auch nicht von der Blässe
des Gedankens an Kompetenzschranken angekränkelt. Unerwähnt und
anscheinend auch ungeprüft läßt es die Fragen, welchen Stand die Gesetzgebung und der Gesetzesvollzug in den Mitgliedstaaten erreicht haben,
was sich in den Mitgliedstaaten umweltpolitisch bewährt hat, was auf
nationaler Ebene ungelöst oder gescheitert ist, was bei einem Vergleich
der mitgliedstaatlichen Rechts- und Verwaltungssysteme erhaltenswert
oder entwicklungswürdig ist, welche vorhandenen Regelungen verein-

---

[82] Ebda., Teil 1 Kap. 4, S. 32 ff.
[83] Ebda., Teil 1 Kap. 5, S. 46 ff.
[84] Ebda., Teil 1 Kap. 7, S. 69 ff.
[85] Umweltprogramm von 1971, BT-Drucks. VI/2710, S. 7; fortgeführt in:
Umweltbericht '76, BT-Drucks. 7/5684; Umweltbericht 1990, BT-Drucks. 11/
7168.

heitlicht und welche Lücken der nationalen Rechtsordnungen gemeinschaftsrechtlich überwunden werden sollten. Die Existenz globaler Umweltprobleme scheint den Gemeinschaftsorganen Grund genug zu sein, die berührten Tätigkeitsfelder und Themen sowie potentielle Instrumente und Maßnahmen in das supranationale Aktionsprogramm aufzunehmen. Es läßt sich absehen, daß die Programminhalte später auch vom rechtsförmlichen Kompetenzzugriff der Gemeinschaften erfaßt werden.

3. Offene Grundfragen des Aktionsdenkens und des Kompetenzverständnisses auf der Gemeinschaftsebene

Wirklich neu scheint dieses Denken in globalen Politiken und Programmen nicht zu sein. Seine Spuren sind schon bisher in manchen Richtlinien der Gemeinschaften beobachtet worden[86]. Es wäre eine vergleichende staatsrechtliche Untersuchung wert, inwiefern sich die sachgebietsbezogene Kompetenzabgrenzung bundesstaatlicher Prägung vom Agieren auf zweckabhängigen Politikfeldern und zur Verfolgung von Politikzielen unterscheidet. Es scheint, daß dieses politische, final ausgerichtete Aktionsdenken in zentralistisch verfaßten Mitgliedstaaten verwurzelt ist und – von dort übernommen – weithin auch die supranationale Politik der Gemeinschaften prägt[87]. Die Umweltpolitik der Europäischen Gemeinschaften scheint mehr und mehr in dieses Fahrwasser zu geraten. Zumindest wäre insoweit ein integrations-, verfassungs- und umweltpolitisches Gegenlenken angebracht. Die verfassungsrechtlichen Probleme der gegenwärtig forcierten europäischen Integration[88] müssen hier indessen zurückgestellt bleiben.

---

[86] Beispielhaft für das Umweltrecht seien die UVP-Richtlinie (Fn. 55), die Umweltinformationsrichtlinie (Fn. 56) und die sog. Fauna-Flora-Habitate-Richtlinie (Fn. 57) genannt; vgl. zu den offenbar gewordenen Problemen die Nachweise in Fn. 58.

[87] Vgl. *Ehlermann*, Rechtsetzung in Brüssel – Polarität und Vernetzung, in: Sitzungsbericht T zum 59. Deutschen Juristentag, 1992, T 19; kritisch *Ossenbühl*, in: ders. (Hrsg.), Föderalismus und Regionalismus in Europa, 1990, S. 147, der von „Kompetenzanmaßungen der EG" und vom „disziplinlosen und willkürlichen Umgang mit den Kompetenznormen durch die EG-Organe" spricht.

[88] Vgl. dazu *v. Simson/Schwarze*, Europäische Integration und Grundgesetz – Maastricht und die Folgen für das deutsche Verfassungsrecht, 1992, S. 30 ff., 65 ff.; *Rupp*, NJW 1993, S. 38 ff.; *Huber*, Maastricht – ein Staatsstreich?, 1993; *Blanke*, DÖV 1993, S. 412 ff.; ferner zur grundrechtlichen Problematik *Friauf/Scholz* (Fn. 5); *Tomuschat*, EuR 1990, S. 340; sowie die Entscheidungen des BVerfG zur Rundfunkrichtlinie (BVerfGE 80, S. 74) und zur Tabakrichtlinie (EuR 1989, S. 270); zur bundesstaatlichen Problematik *Schröder*, JöR NF 35 (1986), S. 83 ff.; *Tomuschat*, in: Magiera/Merten (Hrsg.), Bundesländer und Europäische Gemeinschaft, 1988, S. 21 ff.; *Streinz*, in: Heckmann/Meßerschmidt (Hrsg.), Gegenwartsfragen des Öffentlichen Rechts, 1988, S. 15 ff.; *Blanke*, ebda., S. 53 ff.; *Hailbronner*, JZ 1990, S. 149 ff.; *Philipp*, ZRP 1992, S. 433 ff.

Auf das *Subsidiaritätsprinzip* gemäß Art. 3 b EGV[89] können angesichts dieses Umfeldes nur geringe Hoffnungen gesetzt werden[90]. Das gilt um so mehr, als schon das bisherige, speziell für die Umweltpolitik geltende Subsidiaritätsprinzip des Art. 130 r Abs. 4 EWG praktisch übergangen worden ist[91]. Die formelhafte Erwähnung des Subsidiaritätsprinzips im Fünften Aktionsprogramm der Gemeinschaften „Für eine dauerhafte und umweltgerechte Entwicklung"[92] wirkt wie eine aufgesetzte Beschwichtigung.

Im übrigen wird diese Skepsis durch Erfahrungen auf der Ebene des deutschen Verfassungsrechts bestätigt. Selbst im bundesstaatlichen Rahmen hat das vergleichbare Erfordernis eines „Bedürfnisses nach bundesgesetzlicher Regelung" gemäß Art. 72 Abs. 2 GG die konkurrierende Gesetzgebung des Bundes nicht etwa in eine subsidiäre Rolle gegenüber der Landesgesetzgebung verwiesen. Das BVerfG[93] hat hieraus nicht einmal einen justiablen Rechtfertigungszwang zu Lasten des Bundesgesetzgebers abgeleitet. Vielmehr hat es diesem vor allem im Hinblick auf die „Wahrung der Rechts- und Wirtschaftseinheit" (Art. 72 Abs. 2 Nr. 3 GG) stets eine weite Einschätzungsprärogative zugestanden. Um so weniger kann auf der Ebene des Gemeinschaftsrechts und außerhalb der Tradition bundesstaatlichen Kompetenzdenkens erwartet werden, daß das „weiche", juristisch kaum faßbare Subsidiaritätsprinzip eine stärkere Effizienz entfalten könnte.

4. Die Richtlinie als Rechtsform der supranationalen Umweltpolitik

Die Umweltpolitik der Europäischen Gemeinschaften bedient sich durchweg der Rechtsform der Richtlinie. Hieraus erklären sich manche der aufgetretenen, eingangs geschilderten Koordinationsprobleme im Verhältnis zwischen nationalem und supranationalem Umweltrecht.

a) Die *Richtlinie* ist nach *Art. 189 Abs. 3 EWGV* „für jeden Mitgliedstaat, an den sie gerichtet ist, hinsichtlich des zu erreichenden Zieles

---

[89] Oben Fn. 73.

[90] Ähnlich kritisch *Pipkorn*, EuZW 1992, S. 697 ff.; *Graf Stauffenberg*, Demokratieprinzip, Transparenz, Effizienz, in: Sitzungsbericht T zum 59. Deutschen Juristentag, 1992, T 33; *Grimm*, FAZ v. 17. 9. 1992, S. 38; *Konow*, DÖV 1993, S. 405 ff.; optimistischer hingegen *Schmidhuber*, DVBl. 1993, S. 417 ff.

[91] Soweit ersichtlich, liegt bisher noch nicht ein Urteil des EuGH vor, in dem Art. 130 r Abs. 4 EWGV in irgendeiner Weise relevant geworden wäre; bezeichnenderweise wird es von *Krämer* (Fn. 61), S. 142 ff., „eher als politische Orientierung für die Gemeinschaft" verstanden.

[92] Oben Fn. 79, Teil 1 Kap. 8, S. 80.

[93] BVerfGE 4, S. 127; 13, S. 233; 26, S. 383; 65, S. 63.

verbindlich, überläßt jedoch den innerstaatlichen Stellen die Wahl der Form und der Mittel". Von diesem Wortlaut hat sich die Entwicklung des Gemeinschaftsrechts jedoch seit langem gelöst. Insbesondere die Umweltrichtlinien beschränken sich demgemäß nicht auf rahmensetzende Ziele. Vielmehr pflegen sie ins einzelne gehende Regelungen von Lebenssachverhalten und Verwaltungsmaßnahmen zu treffen. Sie weisen somit eine *„hohe Regelungsintensität"* auf[94]. Der Europäische Gerichtshof[95] hat diese Rechtsentwicklung nie beanstandet, sondern von Anfang an gebilligt. Dafür ist maßgebend, daß es sich in der Praxis als unmöglich erwiesen hat, „Ziele" einer Regelung i. S. der anzustrebenden rechtlichen, wirtschaftlichen und sozialen Ergebnisse klar von den „Mitteln" und „Formen" i. S. vorgeschriebener Anforderungen, Maßnahmen und Zwischenschritte zu unterscheiden[96].

Dennoch bleibt die Richtlinie *auf die innerstaatliche Umsetzung angelegt.* Grundsätzlich erzeugen erst die Umsetzungsakte der Mitgliedstaaten innerstaatliche Rechtswirkungen[97]. Darin unterscheidet sich die Richtlinie von der EG-Verordnung, die allgemein und unmittelbar in jedem Mitgliedstaat gilt (Art. 189 Abs. 2 EWGV). Nach der Rechtsprechung des Europäischen Gerichtshofs[98] entfalten Richtlinien allerdings – abweichend von der grundsätzlichen Konzeption des EWG-Vertrages – ein *unmittelbare Rechtswirkung* für den Bürger und die Behörden, wenn ein Mitgliedstaat die gebotene Umsetzung nicht, nicht fristgemäß oder nicht korrekt vornimmt. Nach dieser Rechtsprechung hat der einzelne Bürger das Recht, sich vor den staatlichen Gerichten gegenüber den anderslautenden nationalen Rechtsvorschriften auf Bestimmungen der Richtlinie zu berufen, wenn diese klar und unbedingt sind und zu ihrer Anwendung keines Ausführungsaktes mehr bedürfen. Dabei muß jedoch stets bedacht werden, daß die unmittelbare Rechtswirkung einer Richtlinie einen gemeinschaftsrechtlichen Notbehelf im Interesse der supranationalen Effizienz darstellt.

---

[94] *Grabitz* (Fn. 63), Art. 189 Rdn. 59; *Zuleeg*, ZGR 1980, S. 467 (471 f.).
[95] EuGH, Urt. v. 10. 4. 1984, Rs 14/83 (v. Colson und Kamann), Slg. 1984, S. 1891; Urt. v. 10. 4. 1984, Rs. 79/83 (Harz), Slg. 1984, S. 1921.
[96] *Bleckmann*, Europarecht, 5. Aufl. 1990, Rdn. 144 ff.
[97] Vgl. statt vieler *Grabitz* (Fn. 63), Art. 189 Rdn. 51.
[98] Grundlegend: Urt. v. 6. und 21. 10. 1970, Rs. 9/70, 20/70, 23/70 (Grad u. a.), Slg. 1970, S. 825, 861, 881; dazu ausführlich *Grabitz*, EuR 1971, S. 1 ff.; ferner insbesondere EuGH, Urt. v. 17. 12. 1970, Rs. 33/70 (SACE), Slg. 1970, S. 1213; Urt. v. 4. 12. 1974, Rs. 41/74 (van Duyn), Slg. 1974, S. 1337; Urt. v. 19. 1. 1982, Rs. 8/81 (Ursula Becker), Slg. 1982, S. 53 (71); eingehend und weiterführend zu dieser Rechtsprechung: *Everling*, in: Festschrift für Karl Carstens, Bd. 1, 1984, S. 95 ff.; darstellend und aus verfassungsrechtlicher Sicht (Art. 24 Abs. 1 GG) billigend BVerfG, Beschl. v. 8. 4. 1987, E 75, S. 223 (235 ff.); jeweils m. w. N.

Noch nicht entschieden hat der Europäische Gerichtshof die Frage, ob die unmittelbare Rechtswirkung einer nicht oder unzureichend umgesetzten Richtlinie nur eingreift, wenn diese den Bürger begünstigt, oder auch zur Begründung von Pflichten des Bürgers führen kann. Im Schrifttum werden hierauf unterschiedliche Antworten gegeben. Schon aus rechtsstaatlichen Gründen der Eingriffslegitimation und der Rechtssicherheit wird man jedoch einer Richtlinie keine belastende Direktwirkung zuerkennen dürfen[99]. Für Umweltrichtlinien kommt dieser Frage besondere Bedeutung zu. Denn die Bestimmungen solcher Richtlinien begünstigen zwar regelmäßig die Allgemeinheit und Drittbetroffene; aber sie belasten die primär betroffenen Umweltnutzer, Anlagenbetreiber oder Produzenten. Infolgedessen kann eine solche Richtlinie keine unmittelbare Rechtswirkung dergestalt entfalten, daß sie aus sich heraus bei unterbliebener oder unzureichender Umsetzung Nutzer,- Betreiber- oder Produzentenpflichten sowie korrespondierende Eingriffsbefugnisse der Verwaltung begründen würde. Bedauerlicherweise wird auf Gemeinschaftsebene auch die gegenteilige Ansicht vertreten[100]. Insofern sind neuerliche Rechtsstreitigkeiten nicht auszuschließen.

b) Die gemeinschaftsrechtlich gebotene *Rechtsform der Umsetzung* war europaweit bereits umstritten, bevor der Europäische Gerichtshof die deutsche Umsetzungspraxis mittels normkonkretisierender und ermessensbindender Verwaltungsvorschriften verworfen hat. Allgemeine Anerkennung hatten indessen Aussagen des Gerichtshofs gefunden, die keineswegs das generelle Verdikt über die Umsetzung durch Verwaltungsvorschriften andeuteten. So hatte sich die Auffassung durchgesetzt, daß das Gemeinschaftsrecht für die Umsetzung nicht unbedingt ein Gesetz oder eine Rechtsverordnung des Mitgliedstaates fordert[101]. Insoweit sind die an rechtsstaatlichen Grundgedanken ausgerichteten Erkenntnisse des Europäischen Gerichtshofs durchaus zu billigen.

Die Mitgliedstaaten sind danach zum einen verpflichtet, innerhalb der ihnen nach Art. 189 EWGV belassenen Entscheidungsfreiheit für die

---

[99] So auch EuGH, Urt. v. 26. 2. 1986, Rs. 152/84 (Marshall), EuR 1986, S. 265 mit kritischer Besprechung von *Nicolaysen*, S. 370; Urt. v. 12. 5. 1987, Rs. 372–374/85 (Traen), Slg. 1987, S. 2141 (2159 f.); Urt. v. 8. 10. 1987, Rs. 80/86 (Kolpinghuis), EuR 1988, S. 391 mit kritischer Besprechung von *Richter*, S. 394; ferner *Zuleeg*, ZGR 1980, S. 466 (474 f., 479); *Hilf*, EuR 1988, S. 1 (7); auch, wenngleich vorsichtig, *Everling* (Fn. 98), S. 108 f.

[100] So *Krämer*, WiVerw. 1990, S. 138 (152 f.); ferner *Langenfeld*, DÖV 1992, S. 955 (961).

[101] Vgl. zur Rechtsprechung des EuGH die Nachw. in den folgenden Fn. 102–105; im Schrifttum statt vieler: *Grabitz* (Fn. 63), Art. 189 Rdn. 57; *Beyerlin*, EuR 1987, S. 126 (129 f.); a. A. *Bleckmann* (Fn. 96), Rdn. 161.

Umsetzung diejenigen Formen und Mittel zu wählen, „die sich zur Gewährleistung der praktischen Wirksamkeit (effet utile) der Richtlinien unter Berücksichtigung des mit ihnen verfolgten Zwecks am besten eignen"[102]. Zum anderen muß die Umsetzung „den Erfordernissen der Eindeutigkeit und Bestimmtheit des Rechtszustands" gerecht werden, auf den die jeweilige Richtlinie abzielt[103]. Insofern sind die gemeineuropäischen Grundsätze der Rechtssicherheit und Rechtsklarheit maßgebend. Daher kann „eine bloße Verwaltungspraxis, welche die Verwaltung naturgemäß beliebig ändern kann und die nur unzureichend bekannt ist, nicht als eine rechtswirksame Erfüllung der Verpflichtung angesehen werden, die Art. 189 EWGV den Mitgliedstaaten auferlegt"[104]. Nach der Erkenntnis des Europäischen Gerichtshofs[105] „verlangt die Umsetzung einer Richtlinie in innerstaatliches Recht nicht notwendigerweise, daß ihre Bestimmungen förmlich und wörtlich in einer ausdrücklichen besonderen Gesetzesvorschrift wiedergegeben werden". Vielmehr kann je nach dem Inhalt der Richtlinie „ein allgemeiner rechtlicher Rahmen genügen, wenn er tatsächlich die vollständige Anwendung der Richtlinie in hinreichend bestimmter und klarer Weise gewährleistet"[106]. Anerkanntermaßen können unter dieser Voraussetzung namentlich allgemeine verfassungs- und verwaltungsrechtliche Grundsätze die Umsetzung durch besondere Rechtsvorschriften überflüssig machen. Allerdings können die Mitgliedstaaten ihre Umsetzungspflicht nicht allein durch ein generelles Gebot der richtlinienkonformen Auslegung des staatlichen Rechts[107] erfüllen. Das gemeinschaftsrechtliche Postulat, daß „die vollständige Anwendung der Richtlinie in hinreichend bestimmter und klarer Weise gewährleistet" sein

---

[102] Grundlegend EuGH, Urt. v. 8.4.1976, Rs. 48/75 (Royer), Slg. 1976, S. 497 (517); vgl. auch *Grabitz* (Fn. 63), Art. 189 Rdn. 59.

[103] EuGH, Urt. v. 6.5.1980, Rs. 102/79 (Kommission/Belgien), Slg. 1980, S. 1473 (1486).

[104] EuGH, Urt. v. 6.5.1980, Rs. 102/79 (Kommission/Belgien), Slg. 1980, S. 1473 (1486); Urt. v. 25.5.1982, Rs. 96/81 (Kommission/Niederlande), Slg. 1982, S. 1791 (1804 f.); Urt. v. 15.12.1982, Rs. 160/82 (Kommission/Niederlande), Slg. 1982, S. 4637 (4642); Urt. v. 1.3.1983, Rs. 300/81 (Kommission/Italien), Slg. 1983, S. 449 (456); Urt. v. 23.5.1985, Rs. 29/84 (Kommission/Deutschland), Slg. 1985, S. 1661 (1671); Urt. v. 15.10.1986, Rs. 168/85 (Kommission/Italien), Slg. 1986, S. 2945 (2961).

[105] EuGH, Urt. v. 23.5.1985, Rs. 29/84 (Kommission/Deutschland), Slg. 1985, S. 1661 (1673); Urt. v. 9.4.1987, Rs. 363/85 (Kommission/Italien), Slg. 1987, S. 1733 (1742).

[106] EuGH (Fn. 105).

[107] Vgl. dazu EuGH, Urt. v. 10.4.1984, Rs. 14/83 (von Colson und Kamann), Slg. 1984, S. 1891 (1909); *Ipsen*, in: Festschrift für C. F. Ophüls, 1965, S. 83; *Zuleeg*, ZGR 1980, S. 478; *Everling* (Fn. 98), S. 107.

muß, verlangt einen spezifizierten Befehl sowie einen effektiven Anstoß zur innerstaatlichen Befolgung der Richtlinie[108].

Alle diese Aussagen ließen den Weg der Umsetzung von Richtlinien durch normkonkretisierende oder ermessensbindende, allgemein verkündete Verwaltungsvorschriften durchaus offen; denn deren Regelungsmodus stellt nicht nur eine bloße, beliebig änderbare Verwaltungspraxis dar. Klärungsbedürftig wäre nur ihre Außenwirksamkeit nach Maßgabe des nationalen Verwaltungsrechts gewesen. Daß der Europäische Gerichtshof diesen Umsetzungsweg in den eingangs geschilderten Urteilen nun doch verworfen hat, beruht offenbar auf tieferliegenden Koordinationsproblemen zwischen nationalem und supranationalem Recht, die insbesondere auf dem Gebiet des Umweltschutzes bisher nicht bewältigt, ja nicht einmal analysiert sind.

c) Wenn eine Richtlinie nicht, nicht fristgemäß oder nicht korrekt in innerstaatliches Recht umgesetzt worden ist und nach den dargelegten Grundsätzen auch keine unmittelbare Wirkung entfaltet, operiert der Europäische Gerichtshof[109] neuerdings mit der Annahme einer auf Schadensersatz gerichteten *Staatshaftung*. Diese Konstruktion ist rechtsdogmatisch höchst angreifbar[110], auf eine nähere Auseinandersetzung muß hier jedoch verzichtet werden. Letztlich kann die Annahme einer Staatshaftung wohl nur als Reaktion des Gerichtshofs auf die vielfältigen Probleme und die beobachteten Verzögerungen der Richtlinienumsetzung sowie auf die Koordinationsdefizite im Verhältnis zwischen nationalem und supranationalem Recht verstanden werden. Die konstruierte Staatshaftung soll offensichtlich einen zusätzlichen Umsetzungsdruck auf die Mitgliedstaaten ausüben.

III. Ansätze zum Verständnis und zur Bewältigung der Koordinationskonflikte

1. Allgemeine Überlegungen zur Entwicklung eines supranationalen Umweltrechts

Die offenbar gewordenen Koordinationskonflikte zwischen dem nationalen und dem supranationalen Umweltschutz sind tiefreichend und komplex. Je nachdem, ob man der nationalen oder der supranationalen Sicht folgt, wird der Blick in entgegengesetzte Richtungen gelenkt.

---

[108] So bereits *Breuer*, WiVerw. 1990, S. 99.

[109] EuGH, Urt. v. 19.11.1991, Rs. C-6 und C-9/90 (Francovich, Bonifaci u. a.), EuZW 1991, S. 758.

[110] Vgl. *Prieß*, NVwZ 1993, S. 118 ff.; insbesondere kritisch zur gemeinschaftsrechtlichen Grundlage des Anspruchs *Hailbronner*, JZ 1992, S. 284 (289); *Ossenbühl*, DVBl. 1992, S. 993 ff.

Dementsprechend gelangt man zu einer höchst unterschiedlichen Wahrnehmung der zugrundeliegenden Probleme. Wo das deutsche Umweltrecht aus nationaler Sicht in seinen Grundstrukturen getroffen und einer ungewissen Zukunft der Neuformierung und Umorientierung ausgeliefert ist, folgt die Umweltpolitik wie auch das Umweltrecht der Europäischen Gemeinschaften unbeirrt eigenen, global postulierten Zielen, Wegen und Maßstäben. Der Europäische Gerichtshof bestätigt dabei seinen Ruf als treibende Kraft, nämlich als Integrationsmotor mit dem fragwürdigen Rollenverständnis eines integrationspolitischen Akteurs und Vollstreckers[111].

Die Bewältigung der aufgetretenen Koordinationskonflikte scheint – gleichsam als Folgelast der supranationalen Vorentscheidungen – allein den Mitgliedstaaten anheimzufallen. Formal mag dies aufgrund des Vorrangs des Gemeinschaftsrechts zutreffen. Wenn man indessen die dargelegten Konflikte und ihre bedenklichen Folgen verstehen und überwinden will, gilt es, die zugrundeliegenden, bisher kaum reflektierten Strukturprobleme im Verhältnis zwischen dem nationalen und dem supranationalen Umweltschutz zu erfassen.

Die Ursachen der Spannungen liegen im wesentlichen in der Entwicklung auf der Gemeinschaftsebene. Während nämlich das nationale Umweltrecht gerade in der Bundesrepublik Deutschland in den letzten Jahren keine grundlegenden Strukturveränderungen, sondern lediglich einzelne sektorale oder nur punktuelle Fortentwicklungen erfahren hat[112], ist das supranationale Umweltrecht der Europäischen Gemeinschaften in jüngster Zeit erheblich ausgeweitet und verdichtet worden[113]. Dies fordert zu einer eigenständigen Rechtsauslegung und -anwendung durch die Gemeinschaftsorgane heraus. Insbesondere mag der Europäische Gerichtshof hierzu berufen sein. Nicht zu unterschätzen sind jedoch die Schwierigkeiten, denen man begegnet, sobald man versucht, die entstehende und in jeder Hinsicht unfertige, aber eigenständig verstandene Rechtsordnung der Gemeinschaften mit den gewachsenen, untereinander höchst unterschiedlichen Verwaltungsrechtsordnungen der Mitgliedstaaten zu koordinieren. Offenbar ist dieses Konfliktpotential jedoch jahre-

---

[111] Vgl. oben in und bei Fn. 7.

[112] Hierzu *Breuer*, in: Wenz/Issing/Hofmann (Hrsg.), Ökologie, Ökonomie und Jurisprudenz, 1987, S. 21 (32 ff.); *ders.*, Verwaltungsrechtliche Prinzipien und Instrumente des Umweltschutzes, 1989, S. 18 ff.; *ders.*, Empfiehlt es sich, ein Umweltgesetzbuch zu schaffen, gegebenenfalls mit welchen Regelungsbereichen?, Gutachten B für den 59. Deutschen Juristentag, 1992, B 68 ff.

[113] *Götz*, NJW 1992, S. 1849 (1851); vgl. im einzelnen den Bericht von *Heinz/Zils* (Fn. 54); Überblick bei *Kloepfer* (Fn. 49), § 6 Rdn. 21 ff.; Textsammlung von *Krämer*, Umweltrecht der EG, 1991.

lang unterschätzt worden, und zwar nicht nur auf Gemeinschaftsebene, sondern auch auf seiten der Verwaltungspraxis und der Rechtswissenschaft in der Bundesrepublik Deutschland. Hierzu dürfte beigetragen haben, daß gerade das Verwaltungsrecht bis in die jüngste Zeit von nationalen Traditionen und wechselseitiger Absonderung geprägt war. Rechtsvergleichende Untersuchungen waren auf verwaltungsrechtlichem wie auf verwaltungsprozessualem Gebiet bisher Mangelware[114]. Die unausbleibliche Folge besteht in wechselseitigen Kenntnisdefiziten, die sich nicht nur im horizontalen Verhältnis zwischen den Mitgliedstaaten auswirken, sondern auch in der vertikalen Beziehung zwischen der entstehenden supranationalen Rechtsordnung der Gemeinschaften und den unterschiedlichen nationalen Verwaltungsrechtsordnungen jeder Harmonisierung hinderlich im Wege stehen. Spannungen und Brüche zwischen nationalem und supranationalem Verwaltungsrecht sind hierdurch vorprogrammiert. Ebenso läßt sich absehen, daß diese oft unvorhergesehen und ungewollt eintreten.

Eines sollte indessen schon bei grundsätzlicher Betrachtung einleuchten. Es wäre ein verhängnisvoller Fehler, wenn die supranationale Entwicklung des entstehenden Gemeinschaftsrechts auf die vorgefundenen Strukturen und Besonderheiten der gewachsenen nationalen Rechtsordnungen keine Rücksicht nähme[115]. Insbesondere müßten auf Kenntnisdefiziten beruhende und rücksichtslose Interventionen der Gemeinschaften

---

[114] Vgl. etwa die Dokumentation von *Rengeling*, Der Stand der Technik bei der Genehmigung umweltgefährdender Anlagen, 1985; *Bosselmann*, Recht der Gefahrstoffe: rechtsvergleichender Überblick, hrsg. vom Umweltbundesamt, April 1987; *Kromarek*, Vergleichende Untersuchung über die Umsetzung der EG-Richtlinien Abfall und Wasser, hrsg. vom Umweltbundesamt, Mai 1987; *Coenen/Jörissen*, Umweltverträglichkeitsprüfung in der Europäischen Gemeinschaft, 1989; *Bothe/Gündling*, Neuere Tendenzen des Umweltrechts im internationalen Vergleich, hrsg. vom Umweltbundesamt, Februar 1990; ferner *Breuer*, Atom- und Immissionsschutzrecht auf unterschiedlichen Wegen – Vergleichende Betrachtungen zum deutschen, französischen und niederländischen Recht, in: UTR (Fn. 1) Bd. 17, 1992, S. 155 ff.; Schwarze/Schmidt-Aßmann (Hrsg.), Das Ausmaß der gerichtlichen Kontrolle im Wirtschaftsverwaltungs- und Umweltrecht: vergleichende Studien zur Rechtslage in Deutschland, Frankreich, Griechenland und in den Europäischen Gemeinschaften, 1992 (mit Beiträgen von *Schmidt-Aßmann, Hélin, Efstratiou* und *Schwarze*); allgemein zur Notwendigkeit der Rechtsvergleichung als Grundlage für die Entstehung eines europäischen Verwaltungsrechts *Schwarze*, Europäisches Verwaltungsrecht, Bd. I, 1988, S. 74 ff.

[115] Ebenso *Jarass*, in: Jarass/Neumann, Umweltschutz und EG, 1991, S. 34 (39); *Langenfeld/Schlemmer-Schulte*, EuZW 1991, S. 622 (623); *Seidel*, DVBl. 1989, S. 441 (443 f.); ferner zu den Konsequenzen für die Auslegung von Richtlinien *Bleckmann* (Fn. 96), Rdn. 175.

und des supranationalen Rechts in die mitgliedstaatlichen Verwaltungsrechtsordnungen zwangsläufig zu Spannungen und Brüchen führen. Darüber hinaus wären solche Interventionen auf die Dauer auch unter
integrationspolitischen Gesichtspunkten kontraproduktiv. All dies gilt in
besonderem Maße für die verwaltungsrechtliche Regelung der existentiel-
len „Staatsaufgabe Umweltschutz". Wenn ein supranationales Umweltrecht seiner Gestaltungsaufgabe gerecht werden und von den Mitgliedstaaten umgesetzt und effektiv durchgesetzt werden soll, darf es nicht in
zentralistischer Manier oktroyiert werden. Vielmehr kann es nur in einem
kooperativen, rechtsvergleichend vorbereiteten und das nationale Recht
zusammenführenden Prozeß erarbeitet werden. Keinesfalls geht es an,
daß die Strukturen des nationalen Rechts durch supranationale Entscheidungen zerstört oder paralysiert werden, ohne daß auf der Gemeinschaftsebene das Konzept einer integrativen und in sich stimmigen
Rechtsordnung erkennbar wäre.

2. Die Notwendigkeit einer typologischen Unterscheidung sowie einer inhaltlichen Systematisierung der Umweltrichtlinien

Infolge der expansiven und dynamischen Entwicklung der supranationalen Umweltpolitik sind die einschlägigen Richtlinien des Gemeinschaftsrechts in den letzten Jahren nicht nur in quantitativer Hinsicht
sprunghaft vermehrt worden. Ihnen sind vielmehr auch in qualitativer
Hinsicht neue Regelungsinhalte zugewachsen. Schon bei der Beratung
und Verabschiedung, aber auch bei der späteren Auslegung und Anwendung müssen die unterschiedlichen Inhalte der Umweltrichtlinien bedacht
werden.

a) Als *erster Typ* sind, auf der konkretesten Regelungsstufe, *Standardisierungsrichtlinien* auszumachen. Meist setzen sie Emissions- oder Immissionsgrenzwerte für bestimmte Schadstoffe oder obligatorische Qualitäts-
merkmale bestimmter Umweltmedien oder Umweltgüter fest. Beispiele
für Standardisierungsrichtlinien mit dem Inhalt von Emissionsgrenzwerten bilden auf dem Gebiet des Wasserrechts die stoffbezogenen Folgerichtlinien[116] zu der sog. Gewässerschutzrichtlinie vom 4. Mai 1976[117]
sowie auf dem Gebiet des Immissionsschutzrechts die Richtlinie des Rates
vom 24. November 1988 zur Begrenzung von Schadstoffemissionen von
Großfeuerungsanlagen in die Luft[118] und die Richtlinien zur Angleichung
der Rechtsvorschriften der Mitgliedstaaten über Maßnahmen gegen die

---

[116] Oben Fn. 32.
[117] Oben Fn. 31.
[118] Richtlinie 88/609/EWG, ABl. EG Nr. L 336/1.

Verunreinigung der Luft durch Emissionen von Kraftfahrzeugen[119]. Als Standardisierungsrichtlinien mit dem Inhalt von Immissionsgrenzwerten seien an dieser Stelle lediglich die eingangs erwähnten, durch die Rechtsprechung des Europäischen Gerichtshofs in das Rampenlicht gerückten Richtlinien „über Grenzwerte und Leitwerte der Luftqualität für Schwefeldioxid und Schwebestaub"[120] sowie „betreffend einen Grenzwert für den Bleigehalt in der Luft"[121] hervorgehoben. Standardisierungsrichtlinien können des weiteren über einzelne stoffbezogene Grenzwerte hinausgreifen und ein abgerundetes Schutzprofil für bestimmte Umweltmedien oder Umweltgüter gebieten. In diesem Sinne kann man von Qualitätsrichtlinien sprechen. Auf dem Gebiet des Wasserrechts treffen diese Merkmale für die ebenfalls erwähnte, durch die europarechtlichen Koordinationskonflikte beleuchtete Rohwasserrichtlinie vom 16. Juni 1975[122] zu. Das gleiche gilt für eine Reihe weiterer Richtlinien, die jeweils bestimmten Gewässerarten gewidmet sind[123], und für die Trinkwasserrichtlinie vom 15. Juli 1980[124]. Schließlich können Standardisierungsrichtlinien anstelle zwingender Grenzwerte bloße Leit- oder Schwellenwerte festlegen. Leitwerte dienen der Vorsorge für Gesundheit und Umweltschutz. Sie bilden daher Bezugspunkte für ökologische und ressourcen-

---

[119] Richtlinie 70/220/EWG vom 20.3.1970 zur Angleichung der Rechtsvorschriften der Mitgliedstaaten über Maßnahmen gegen die Verunreinigung der Luft durch Abgase von Kraftfahrzeugmotoren mit Fremdzündung, ABl. EG Nr. L 76/1, zuletzt geändert durch die Richtlinie 91/441/EWG vom 26.6.1991, ABl. EG Nr. L 242/1; Richtlinie 72/306/EWG vom 2.8.1972 zur Angleichung der Rechtsvorschriften der Mitgliedstaaten über Maßnahmen gegen die Emission verunreinigender Stoffe aus Dieselmotoren zum Antrieb von Fahrzeugen, ABl. EG Nr. L 190/1, geändert durch die Richtlinie 89/491/EWG vom 15.8.1989, ABl. EG Nr. L 238/43.

[120] Oben Fn. 15.

[121] Oben Fn. 16.

[122] Oben Fn. 18.

[123] Richtlinie 76/160/EWG vom 8.12.1975 über die Qualität der Badegewässer, ABl. EG Nr. L 31/1; Richtlinie 78/659/EWG vom 18.7.1978 über die Qualität von Süßwasser, das schutz- oder verbesserungsbedürftig ist, um das Leben von Fischen zu erhalten, ABl. EG Nr. L 222/1; Richtlinie 79/923/EWG vom 30.10.1979 über die Qualitätsanforderungen an Muschelgewässer, ABl. EG Nr. L 281/47; vgl. dazu *Breuer*, WiVerw. 1990, S. 84 ff., 89 f., 104 ff.

[124] Richtlinie 80/778/EWG über die Qualität von Wasser für den menschlichen Gebrauch, ABl. EG Nr. L 229/11, geändert durch die Richtlinie 81/858 vom 7.11.1981, ABl. EG Nr. L 319/19; vgl. dazu *Breuer*, WiVerw. 1990, S. 85 f., 91 f., 108 f.; eingehend *Kolkmann*, Die EG-Trinkwasserrichtlinie, 1991; zur mangelhaften Umsetzung der Trinkwasserrichtlinie durch die Bundesrepublik Deutschland vor der Änderung der Trinkwasserverordnung vom 22.5.1986 (BGBl. I S. 760) durch die Verordnung vom 5.12.1990 (BGBl. I S. 2600) EuGH, Urt. v. 24.11.1992, Rs. C-237/90, EuZW 1993, S. 99.

ökonomische Vorsorgemaßnahmen[125]. Schwellenwerte lösen im Falle ihrer Überschreitung lediglich behördliche Informations- oder Warnpflichten aus[126].

Die prinzipielle Notwendigkeit derartiger Standardisierungsrichtlinien ist unbestritten. Sie entsprechen sowohl dem binnenmarktbezogenen Erfordernis gleicher Wirtschafts- und Wettbewerbsbedingungen als auch dem Postulat eines einheitlichen und effizienten Umweltschutzes. Soweit die geschilderten Koordinationskonflikte zwischen nationalem und supranationalem Umweltschutz sich dennoch an Standardisierungsrichtlinien entzündet haben, geht es lediglich um die Modalitäten der mitgliedstaatlichen Umsetzung. Insoweit dreht sich der Streit allein um die hinreichende Strenge und Verbindlichkeit der nationalen Umsetzungsakte. Zwar werden auch hierdurch für die deutsche Verwaltungsrechtsordnung nicht unerhebliche Probleme aufgeworfen, wie die Diskussion über die Umsetzungstauglichkeit von Verwaltungsvorschriften[127] und die jüngst vom Europäischen Gerichtshof[128] angestoßene Debatte über einen allgemeinen Drittschutz oder – anders formuliert – einen generellen Normvollziehungsanspruch des Marktbürgers zeigen. Jedoch bleibt zu betonen, daß die Umsetzung von Standardisierungsrichtlinien wegen ihrer relativ konkreten Inhalte immer noch geringere Struktur- und Koordinationsprobleme heraufbeschwört als die notwendigerweise weiter ausgreifende Umsetzung von Richtlinien allgemeineren Inhalts.

Trotzdem darf man nicht übersehen, daß bereits die Standardisierungsrichtlinien und ihre Umsetzung einer spezifischen, allzu leicht und allzu oft unterschätzten Schwierigkeit begegnen. Diese muß indessen ebenso nüchtern wie nachdrücklich hervorgehoben werden: Selbst zwingende Grenzwerte sind für sich allein unzulänglich. Ihre Festlegung muß vielmehr mit der Regelung von Analyse-, Meß- und Berechnungsverfahren verbunden werden[129]. Erst hierdurch läßt sich die Einhaltung eines

---

[125] Derartige Leitwerte sind z.B. vorgeschrieben in: Richtlinie 80/779/EWG vom 15.7.1980 über Grenzwerte und Leitwerte der Luftqualität für Schwefeldioxid und Schwebestaub (oben Fn.15), Art.2 Abs.2 i.V.m. Anhang II, Art.4 und 5; Richtlinie 85/203/EWG vom 7.3.1985 über Luftqualitätsnormen für Schwefeldioxid, ABl. EG Nr. L 87/1, Art.1 Abs.1 und Art.2 i.V.m. Anhang II.

[126] Derartige Schwellenwerte sind z.B. vorgeschrieben in: Richtlinie 92/72/EWG vom 21.9.1992 über die Luftverschmutzung durch Ozon, ABl. EG Nr. L 297/1, Art.1 Abs.2 i.V.m. Anhang I Nr.3 und 4.

[127] Vgl. dazu *Beyerlin*, EuR 1987, S.126 ff.; *Salzwedel* (Fn.1), S.72 ff.; *Breuer*, WiVerw. 1990, S.83 f., 100 f., 102 ff.; jeweils m. w. N.

[128] Oben Fn.40; vgl. zur Diskussion auch die Nachweise oben Fn.48, 49; näher dazu unten III 3 a (5) mit Fn.326 ff.

[129] Vgl. etwa *Feldhaus/Ludwig*, DVBl. 1983, S.565 (570, auch 570 ff. unter Ziffer 7); *Feldhaus/Ludwig/Davids*, DVBl. 1986, S.641 (644); *Hansmann*, TA Luft, 1987, S.161 ff., 226 ff., 231 ff.

Grenzwerts in der Praxis verläßlich und gleichmäßig kontrollieren und gewährleisten. Diese Erkenntnis ist schon aus dem staatlichen Recht geläufig. Sie gilt auch für Standardisierungsrichtlinien der Europäischen Gemeinschaften und die dort festgelegten Grenzwerte.

Ein anschauliches und lehrreiches Beispiel für die spezifischen Umsetzungsprobleme der Standardisierungsrichtlinien bietet die Richtlinie vom 24. November 1988 zur Begrenzung von Schadstoffemissionen von Großfeuerungsanlagen in die Luft[130]. Unter ihrer Kurzbezeichnung zieht sie als Großfeuerungsanlagen-Richtlinie besondere Aufmerksamkeit auf sich. Im europarechtlichen Zusammenhang beruht sie auf den inhaltlichen Grundlagen der Richtlinie vom 28. Juni 1984 zur Bekämpfung der Luftverunreinigung durch Industrieanlagen[131]. Aus entstehungsgeschichtlicher Sicht sowie vom Boden des nationalen Rechts aus betrachtet, lehnt sich die Großfeuerungsanlagen-Richtlinie an das Vorbild der deutschen Großfeuerungsanlagen-Verordnung (13. BImSchV) vom 22. Juni 1983[132] an. Eine hochinteressante, von der Landesanstalt für Immissionsschutz des Landes Nordrhein-Westfalen herausgegebene Studie[133] legt die teilweise erheblichen und im allgemeinen viel zu wenig beachteten Unterschiede offen, die bei der Umsetzung dieser Richtlinie in den Mitgliedstaaten der Europäischen Gemeinschaften aufgetreten sind. Offensichtlich leben hierin die differierenden Rechtstraditionen, Verwaltungspraktiken und Interessenlagen fort, die sich schon in den langwierigen Verhandlungen vor der Verabschiedung der Richtlinie niedergeschlagen haben.

Abgesehen von dem Umstand, daß die Großfeuerungsanlagen-Richtlinie im Zeitpunkt der durchgeführten Erhebung (1992) noch nicht in allen Mitgliedstaaten in nationales Recht umgesetzt war, stellt die genannte Studie nüchtern fest, daß „die Freiräume, die die Richtlinie den Mitgliedstaaten ermöglicht, ausgeschöpft werden"[134]. Hervorgehoben werden vier wesentliche Differenzen: *Erstens* ist, wie nachgewiesen wird, die nationale Definition von Alt- und Neuanlagen nicht immer identisch mit derjenigen der EG-Richtlinie[135]. *Zweitens* sind zwar die nationalen Grenzwerte im allgemeinen numerisch gleich denen der Richtlinie oder sogar strenger, vor allem bei NO_x. Da aber die Verfahren zur Überwachung ihrer Einhaltung in der Richtlinie nicht strikt geregelt sind, ergibt sich insoweit

[130] Oben Fn. 118.
[131] Richtlinie 84/360/EWG, ABl. EG Nr. L 188/123.
[132] BGBl. I S. 719.
[133] *Koch/Altenbeck*, Umsetzung der Großfeuerungsanlagen-Richtlinie der EG in den Mitgliedstaaten, hrsg. von der Landesanstalt für Immissionsschutz Nordrhein-Westfalen, LIS-Berichte Nr. 98, 1992.
[134] *Koch/Altenbeck* (Fn. 133), S. 93.
[135] *Koch/Altenbeck* (Fn. 133), S. 15, 29, 39 ff., 53, 82, 93.

für die Mitgliedstaaten – jedenfalls bei formaler Betrachtung – ein breiter
Spielraum. Eindrucksvoll wird belegt, daß dieser Spielraum weitreichende
Konsequenzen für die „Schärfe" der Grenzwerte hat, die mitgliedstaatlichen Regelungen der Grenzwertüberwachung infolgedessen untereinander „nur sehr bedingt oder gar nicht vergleichbar" sind und insbesondere
die Überwachungsregelung der deutschen Großfeuerungsanlagen-Verordnung hinsichtlich ihrer Meß- und Berechnungsstrenge weder von der
EG-Richtlinie noch von den Umsetzungsregelungen der anderen Mitgliedstaaten erreicht wird[136]. *Drittens* sind die Programme zur Altanlagen-
sanierung, falls überhaupt vorhanden, von Mitgliedstaat zu Mitgliedstaat
unterschiedlich[137]. Während die Bundesrepublik Deutschland, die Niederlande, Luxemburg und Italien die Reduktionsziele der Richtlinie durch
das Gebot zur Einhaltung des Standes der Technik und durch die Vorgabe
von Grenzwerten verfolgen und namentlich die Bundesrepublik diesen
Weg durch die festen Grenzwerte, die strengen Meß- und Berechnungsverfahren sowie durch die strikten Fristen der Großfeuerungsanlagen-
Verordnung[138] konsequent beschreitet, verfolgen Dänemark und Großbritannien eine Politik des „Glockenprinzips" ohne feste Emissionsgrenzwerte. Statt ihrer erhalten in Großbritannien die beiden Elektrizitätsge-
sellschaften eine jährliche Emissionsquote und in deren Rahmen die
einzelnen Anlagen jährlich anzupassende Einzelquoten[139]. *Viertens* wird
festgestellt und belegt, daß die seitens der Mitgliedstaaten unternomme-
nen Anstrengungen zur Entschwefelung und Stickstoffoxidminderung,
nämlich die Programme zur Installierung entsprechender Techniken,
unterschiedlich sind[140]. Zu kurz kommen nach der Einschätzung der
erwähnten Studie bislang die Sekundärmaßnahmen zur NO_x-Minderung.
Die Bundesrepublik Deutschland nimmt auf dem Gebiet der Entschwefelung und der NO_x-Minderung nicht ohne Grund für sich in Anspruch,
durch die strikte Emissionsbegrenzung gemäß der Großfeuerungsanlagen-Verordnung[141] eine Vorreiterrolle zu spielen. Wie wenig indessen
europaweit eine strikte Vermeidung und Verminderung der genannten
Emissionen nach dem Stand der Technik gefordert wird, zeigt die Infor-

---

[136] *Koch/Altenbeck* (Fn. 133), S. 83 ff., 93, Einzelheiten in den Länderberichten, S. 14 ff.
[137] *Koch/Altenbeck* (Fn. 133), S. 88 ff., 93, Einzelheiten in den Länderberichten, S. 14 ff.
[138] Oben in und bei Fn. 45 und 132.
[139] *Koch/Altenbeck* (Fn. 133), S. 23 f. (Dänemark), 41, 43 ff. (Großbritannien),
88 ff.
[140] *Koch/Altenbeck* (Fn. 133), S. 91 f., 93, Einzelheiten in den Länderberichten, S. 14 ff.
[141] Oben in und bei Fn. 45 und 132.

mation, daß im Zeitpunkt der Studie (1992) zwei (!) britische 4000-MW-Kraftwerke mit Abgasentschwefelungsanlagen ausgerüstet wurden[142]. Frankreich verweist wegen der genannten Emissionen auf die Entlastungseffekte seines Kernkraftprogramms sowie auf ein staatliches, als fortschrittlich angesehenes, aber europaweit offenbar noch nicht ausdiskutiertes Programm von Primärmaßnahmen vor allem zur NO_x-Minderung[143].

Nicht nur aus der Sicht des deutschen Umweltrechts, sondern auch im Interesse eines effizienten supranationalen Umweltschutzes sowie der binnenmarktbezogenen Wettbewerbsgleichheit ist zu fordern, daß die Standardisierungsrichtlinien möglichst genau gefaßt werden, neben den Grenzwerten auch die zugehörigen Analyse-, Meß- und Berechnungsverfahren regeln und demgemäß system- und detailkonform in das nationale Recht umgesetzt werden. Insofern bedarf es auch einer strikten Umsetzungskontrolle seitens der Kommission und des Gerichtshofs der Europäischen Gemeinschaften. Sie muß aufgrund der bisherigen Erfahrungen gerade von der Bundesrepublik Deutschland sowie von jedem Mitgliedstaat angemahnt werden, der seinerseits die Standardisierungsrichtlinien system- und detailkonform umgesetzt hat und die hierbei erlassenen Rechts- und Verwaltungsvorschriften durch einen strengen Verwaltungsvollzug durchzusetzen sucht.

b) Einen *zweiten* Typ gemeinschaftsrechtlicher Richtlinien bilden die *Ordnungsrichtlinien*. Ihr Regelungsinhalt besteht entweder in einer Nutzungsordnung für bestimmte Umweltmedien oder Umweltgüter oder in einer Zulassungs- und Überwachungsordnung für bestimmte Arten umweltrelevanter Anlagen oder Stoffe.

Als Beispiele sind auf dem *Gebiet des Gewässerschutzes* die grundlegende Richtlinie vom 4. Mai 1976 betreffend die Verschmutzung infolge der Ableitung bestimmter gefährlicher Stoffe in die Gewässer der Gemeinschaft[144] und die erwähnte Richtlinie vom 17. Dezember 1979 über den Schutz des Grundwassers durch bestimmte gefährliche Stoffe[145] zu nennen. Mit dem üblichen Kurztitel wird die erstere als Gewässerschutzrichtlinie bezeichnet, während die letztere als Grundwasserrichtlinie seit dem Urteil des Europäischen Gerichtshofs vom 28. Februar 1991[146] zum zentralen Konfliktfeld geworden ist. Der Geltungsbereich der Gewässerschutzrichtlinie umfaßt die oberirdischen Binnengewässer,

---

[142] *Koch/Altenbeck* (Fn. 133), S. 43 f., 92.
[143] *Koch/Altenbeck* (Fn. 133), S. 31, 32, 91, 92.
[144] Oben Fn. 31.
[145] Oben Fn. 13.
[146] EuGH, Rs. C-131/88 (Fn. 2).

das Küstenmeer und die inneren Küstengewässer, soll jedoch nicht mehr
das Grundwasser umfassen; dieses unterliegt „mit Beginn der Anwendung" der besonderen Grundwasserrichtlinie nur noch deren Regelung
(Art. 1, 4 Abs. 4 der Gewässerschutzrichtlinie)[147].

Die Generalklausel der *Gewässerschutzrichtlinie* verpflichtet die Mitgliedstaaten, geeignete Maßnahmen zu ergreifen, um die Verschmutzung
der erfaßten Gewässer durch die besonders gefährlichen Stoffe der Liste I
(sog. Schwarze Liste) zu beseitigen und die Verschmutzung eben dieser
Gewässer durch die weiteren gefährlichen Stoffe der Liste II (sog. Graue
Liste) zu verringern (Art. 2 i. V. m. den Anhängen der Gewässerschutzrichtlinie). Des näheren ist für die Stoffe der Liste I vorgeschrieben, daß
jede ihrer Ableitungen in die erfaßten Gewässer einer vorherigen und zu
befristenden Genehmigung bedarf (Art. 3 Nr. 1 und 4 der Gewässerschutzrichtlinie). Mit der Genehmigung werden für Ableitungen dieser
Stoffe in die Gewässer und, sofern es für die Anwendung der Richtlinie
erforderlich ist, für die Ableitungen solcher Stoffe in die Kanalisation sog.
Emissionsnormen festgesetzt (Art. 3 Nr. 2 der Gewässerschutzrichtlinie).
Derartige „Emissionsnormen" haben mithin aufgrund einer verwirrenden
Terminologie nicht den Charakter von Rechtsnormen, sondern konkret-
individuellen Regelungsgehalt. Inhaltlich bestimmen sie die in Ableitungen zulässige maximale Konzentration eines Stoffes (Konzentrations-
werte) und die in bestimmten Zeiträumen in Ableitungen zulässige
Höchstmenge eines Stoffes (Frachtwerte) (Art. 5 der Gewässerschutzrichtlinie).

Auf Vorschlag der Kommission legt der Ministerrat der Europäischen
Gemeinschaften für die einzelnen gefährlichen Stoffe der Liste I generelle
Grenzwerte fest, die von den konkret-individuellen „Emissionsnormen"
der Genehmigungsbescheide nicht überschritten werden dürfen. Solche
generellen Grenzwerte werden anhand der Toxizität, Langlebigkeit und
Bioakkumulation festgesetzt, und zwar unter Berücksichtigung der
„besten verfügbaren technischen Hilfsmittel" (Art. 6 Abs. 1 der Gewässerschutzrichtlinie). Der hiermit umschriebene Maßstab der Emissionsbegrenzung liegt höher als derjenige der „allgemein anerkannten Regeln der
Technik" im Sinne des § 7 a Abs. 1 Satz 1 WHG[148]; er entspricht annä-

---

[147] Vgl. *Breuer*, WiVerw. 1990, S. 87; dagegen *Lübbe-Wolff* (Fn. 1), S. 146:
nach wie vor sei in der Bundesrepublik Deutschland (allein) die Gewässerschutzrichtlinie vom 4. 5. 1976 (oben Fn. 31) auf das Grundwasser anwendbar, da nach der
Erkenntnis der EuGH (Urt. v. 28. 2. 1991, Rs. C-131/88, Fn. 2) in der Bundesrepublik eine wirksame Umsetzung der Grundwasserrichtlinie vom 17. 12. 1979 (oben
Fn. 13) fehle und deren Inkrafttreten nach ihrem Art. 21 Abs. 1 eine wirksame
Umsetzung voraussetze.
[148] Zur Definition *Breuer* (Fn. 22), Rdn. 341 ff. m. w. N.

hernd dem im deutschen Recht geläufigen „Stand der Technik", der insbesondere durch § 7 a Abs. 1 Satz 3 Halbsatz 2 WHG als konkretisierungsbedürftiger gesetzlicher Maßstab vorgegeben ist[149]. Neben den Emissionsgrenzwerten setzt der Ministerrat auf Vorschlag der Kommission gewässerbezogene Qualitätsziele für Stoffe der Liste I fest (Art. 6 Abs. 2 der Gewässerschutzrichtlinie). Dabei sind hauptsächlich die Toxizität, die Langlebigkeit und die Akkumulation dieser Stoffe in lebenden Organismen und in Sedimenten zu berücksichtigen, wie sie sich „aus jüngsten wissenschaftlichen Daten" ergeben. Diese „parallele Ansatz" der gewässerbezogenen Qualitätsziele stellt praktisch eine Sonderregelung für Großbritannien dar[150]. Von den anderen Mitgliedstaaten der Europäischen Gemeinschaften ist er von vornherein nicht angewandt worden.

In Ausführung der Gewässerschutzrichtlinie sind seit 1982 spezielle Folgerichtlinien erlassen worden. Darin sind jeweils für einzelne gefährliche Stoffe aus der Liste I Emissionsgrenzwerte sowie – aufgrund des „parallelen Ansatzes" – auch gewässerbezogene Qualitätsziele in Gestalt von Immissionsgrenzwerten festgesetzt worden[151]. Hierbei handelt es sich um Standardisierungsrichtlinien, die den Ordnungsrahmen der Gewässerschutzrichtlinie ausfüllen. Da die Liste I im Anhang dieser Richtlinie 129 Stoffe umfaßt und die bisher erlassenen Folgerichtlinien lediglich einen Bruchteil dieser Stoffe abdecken, ist das Standardisierungsprogramm der Gewässerschutzrichtlinie bis heute nur unvollständig, zögerlich und kompromißhaft ausgeführt worden. Dagegen richtet sich berechtigte Kritik, die insbesondere auf seiten der deutschen Verwaltung artikuliert wird[152].

Zur Verringerung der Verschmutzung der erfaßten Gewässer durch die weiteren gefährlichen Stoffe der Liste II haben die Mitgliedstaaten Sanierungsprogramme aufzustellen (Art. 7 der Gewässerschutzrichtlinie). Zur Durchführung solcher Programme schreibt die Richtlinie eine Reihe obligatorischer Mittel vor. Hierzu gehören das Erfordernis einer vorherigen Genehmigung für jede Ableitung von Stoffen der Liste II in die erfaßten Gewässer, die Festsetzung von konkret-individuellen „Emissionsnormen" in der Genehmigung und die Festlegung gewässerbezogener Qualitätsziele. In den Programmen müssen die Fristen für die Durch-

---

[149] Eingehend dazu *Henseler*, Das Recht der Abwasserbeseitigung, 1983, S. 123 ff. m. w. N.; vgl. auch *Breuer* (Fn. 22), Rdn. 342, 372 ff., 384.

[150] *Haigh*, EEC Environmental Policy and Britain, 2. Aufl. 1987, S. 70 (71); *Ruchay*, Korrespondenz Abwasser 1988, S. 530 (532); *Blechschmidt*, Gewässerschutz und Verwaltungsorganisation in England und Wales, 1988, S. 150 ff.; *Lomas*, DVBl. 1992, S. 949 (951 f.).

[151] Vgl. die Nachweise oben Fn. 32; dazu auch *Breuer*, WiVerw. 1990, S. 88.

[152] So *Ruchay*, Korrespondenz Abwasser 1988, S. 432; *ders.*, WuB 1989, S. 274; *Salzwedel*, Korrespondenz Abwasser 1988, S. 540.

führung festgelegt werden. Außerdem können die Programme spezifische Vorschriften für die Zusammensetzung und Verwendung von Stoffen und Stoffgruppen sowie Produkten enthalten; dabei sind die „letzten wirtschaftlich realisierbaren technischen Fortschritte" zu berücksichtigen.

Vergleicht man die Regelungsinhalte der Gewässerschutzrichtlinie mit der Benutzungsordnung des deutschen Wasserrechts (insbesondere gemäß den §§ 1a, 2ff., 7a, 18aff., 19gff. und 36b WHG), so erweisen sich jedenfalls die beiderseitigen Gestattungsvorbehalte, Schutzanforderungen und Bewirtschaftungsgrundsätze der supranationalen Ordnungsrichtlinie und der nationalen Benutzungsordnung als kompatibel[153]. Dies mag erklären, weshalb die Verwaltungspraxis ebenso wie die Rechtswissenschaft in der Bundesrepublik Deutschland die supranationalen Richtlinien des Gewässerschutzes lange Zeit nicht als Einbruch in die mitgliedstaatlichen Kompetenzen und Regelungen, sondern als Unterstützung der eigenen Bemühungen empfunden und sich selbst in einer Vorreiterrolle gesehen hat. Um so schwerer wiegt es, daß spätestens seit dem Urteil des Europäischen Gerichtshofs vom 28. Februar 1991[154] zum Grundwasserschutz die gesamte Harmonie zwischen dem deutschen und dem supranationalen Gewässerschutz in Frage gestellt ist.

Gleichfalls dem Typ der Ordnungsrichtlinie entsprechend, jedoch begrifflich und systematisch vom nationalen, zumindest vom deutschen Recht losgelöst, enthält die *Grundwasserrichtlinie* auf der Ebene des supranationalen Rechts eine eigenständige, ebenso anspruchsvolle wie abstrakte Nutzungsordnung. Sie bezweckt, die Verschmutzung des Grundwassers durch die gefährlichen, in den Listen I und II des Anhangs aufgeführten Stoffe zu verhüten und die Folgen der bisherigen Verschmutzung soweit wie möglich einzudämmen und zu beheben (Art. 1 Abs. 1 der Grundwasserrichtlinie). Bezogen auf „alles unterirdische Wasser in der Sättigungszone, das in unmittelbarer Berührung mit dem Boden oder dem Untergrund steht", erfaßt diese Richtlinie als direkte Ableitung die „Einleitung von Stoffen aus der Liste I oder II in das Grundwasser ohne Boden- oder Untergrundpassage" und als indirekte Ableitung die Einleitung der bezeichneten Stoffe in das Grundwasser „nach Boden- oder Untergrundpassage" (Art. 1 Abs. 2 der Grundwasserrichtlinie). Auf-

---

[153] So im Ergebnis auch *Czychowski*, ZfW 1982, S. 325 (332, 333); *Lausch*, Europäische Umweltpolitik auf dem Gebiet des Gewässerschutzes, 1987, S. 94 f., 260 ff.; *Salzwedel* (Fn. 1), S. 81 ff.; *Salzwedel/Viertel*, ZAU 1989, S. 131 (141); ferner *Breuer*, WiVerw. 1990, S. 106 ff.

[154] EuGH, Rs. C-131/88 (Fn. 2).

grund ausdrücklicher Ausnahmen gilt die Richtlinie nicht für Ableitungen von Haushaltsabwässern aus näher umschriebenen einzelstehenden Wohnstätten, für Ableitungen mit einem Gehalt von Stoffen aus der Liste I und II in so geringer Menge und Konzentration, „daß jede gegenwärtige oder künftige Gefahr einer Beeinträchtigung der Qualität des aufnehmenden Grundwassers ausgeschlossen ist", und für Ableitungen von Substanzen, die radioaktive Stoffe enthalten (Art. 2 der Grundwasserrichtlinie).

Die Ableitung von Stoffen aus der Liste I in das Grundwasser ist nach der Richtlinie zu verhindern. Insoweit gilt ein Gebot der Null-Emission (Art. 3 Buchst. a der Grundwasserrichtlinie). Zur Erfüllung dieser Verpflichtung haben die Mitgliedstaaten jegliche direkte Ableitung von Stoffen aus der Liste I zu verbieten, vor den Maßnahmen zur Beseitigung oder beseitigungsvorbereitenden Lagerung dieser Stoffe, die zu einer indirekten Ableitung führen können, eine Prüfung durchzuführen und die für notwendig erachteten Maßnahmen zu ergreifen, um die indirekte Ableitung dieser Stoffe aus anderen Tätigkeiten zu verhindern (Art. 4 Abs. 1 der Grundwasserrichtlinie). Demgegenüber ist die Ableitung von Stoffen aus der Liste II in das Grundwasser zu begrenzen, damit dessen Verschmutzung durch diese Stoffe verhütet wird (Art. 3 Buchst. b der Grundwasserrichtlinie). Insoweit sind die Mitgliedstaaten verpflichtet, vor jeder direkten Ableitung solcher Stoffe und vor Maßnahmen zur Beseitigung oder beseitigungsvorbereitenden Lagerung solcher Stoffe, die zu einer indirekten Ableitung führen können, eine Prüfung durchzuführen. Zudem haben die Mitgliedstaaten die von ihnen für notwendig erachteten geeigneten Maßnahmen zu ergreifen, um jede indirekte Ableitung von Stoffen aus der Liste II aufgrund anderer Tätigkeiten zu beschränken (Art. 5 der Grundwasserrichtlinie). Künstliche Anreicherungen des Grundwassers für Zwecke der öffentlichen Grundwasserbewirtschaftung bedürfen in jedem Einzelfall einer besonderen Genehmigung; eine solche wird nur erteilt, wenn für das Grundwasser keine Verschmutzungsgefahr besteht (Art. 6 der Grundwasserrichtlinie). Die Genehmigungen nach den Art. 4, 5 und 6 der Richtlinie können nur erteilt werden, nachdem die zuständigen Behörden der Mitgliedstaaten festgestellt haben, daß die Überwachung des Grundwassers, insbesondere in qualitativer Hinsicht, gewährleistet ist (Art. 8 der Grundwasserrichtlinie). Genehmigungen nach den Art. 4 und 5 der Richtlinie müssen befristet werden (Art. 11 der Grundwasserrichtlinie). Im übrigen trifft die Richtlinie nähere Bestimmungen über den notwendigen Inhalt der Genehmigungen, insbesondere über die Festsetzungen von Art und Umfang der Ableitungen, gebotene „Vorsichtsmaßnahmen", Höchstmengen bestimmter gefährlicher Stoffe, „angemessene" Bedingungen in bezug auf die Konzentration dieser Stoffe sowie erforderliche Überwachungsmaßnahmen (Art. 9, 10 der Grundwasserrichtlinie).

Im Verhältnis zum nationalen Recht wirft die Grundwasserrichtlinie aufgrund ihrer inhaltlichen Besonderheiten spezifische Probleme auf. Als Ordnungsrichtlinie statuiert sie eine in sich geschlossene Nutzungsordnung für das Umweltmedium Grundwasser. Dabei sticht ihr eigenständiger, ja eigenwilliger Charakter hervor, der mit einem hohen Abstraktionsgrad und mit komplizierten, jedenfalls im deutschen Recht so nicht geläufigen Unterscheidungen zwischen abgestuften Genehmigungstatbeständen, Schutz- und Bewirtschaftungszielen sowie Vermeidungs- und Verminderungspflichten verbunden ist[155]. Infolgedessen überlagern sich zwei ausformulierte Nutzungsordnungen mit jeweils eigenständigen Rechtsbegriffen, Kontrolltatbeständen, Zielsetzungen und Handlungspflichten: einerseits die wasserwirtschaftliche Benutzungsordnung des deutschen Rechts, wie sie im Wasserhaushaltsgesetz, im jeweiligen Landeswassergesetz und in konkretisierenden untergesetzlichen Rechtsnormen ausgestaltet ist, und andererseits die supranationale, formell vorrangige, aber materiell und konzeptionell konkurrierende Nutzungsordnung der Grundwasserrichtlinie. Beide Nutzungsordnungen sind anspruchsvoll, aber zugleich – und gerade deshalb – durch eine Vielzahl unbestimmter Rechtsbegriffe, schwieriger Unterscheidungen und abgestufter Verschärfungen gekennzeichnet. In diesem Zusammenhang erweist sich der eigenständige und eigenwillige, von der Systematik des nationalen Rechts abgekoppelte Charakter der Grundwasserrichtlinie als Unsicherheitsfaktor. Die Frage, ob die überlagerten Nutzungsordnungen des nationalen Rechts mit einer derartigen Ordnungsrichtlinie vereinbar sind, wird hierdurch zu einem permanenten und neuralgischen Problem. Vorausschauend sollte dies schon bei der Vorbereitung und Verabschiedung von Ordnungsrichtlinien bedacht werden. Deren Originalität ist regelmäßig konfliktträchtig. Sie sollte daher von mitgliedstaatlicher Seite nicht um ihrer selbst willen gepflegt oder unkritisch gebilligt werden, soweit und solange man im wesentlichen an der nationalen Nutzungsordnung festhalten und eine supranationale Black Box des Umsetzungszwangs und der Rechtsänderung vermeiden will. Auf diesen elementaren, aber allzu leicht unterschätzten Unsicherheitsfaktor ist es letztlich zurückzuführen, daß sich gerade die Umsetzung der Grundwasserrichtlinie in das deutsche Recht zu einem Kristallisationspunkt der eingangs geschilderten Konflikte zwischen nationalem und supranationalem Umweltrecht entwickelt hat[156]. Auf die Frage, wie solche Konfliktlagen im Geltungsbereich von Ordnungsrichtlinien zu bewältigen sind, ist zurückzukommen[157].

---

[155] Vgl. zur Bewertung und zur Kritik die Nachweise oben in Fn. 27.
[156] Ähnlich die Kritik von *Lübbe-Wolff* (Fn. 1), S. 136 ff., 148 ff.
[157] Vgl. unten III 3 a (3) mit Fn. 290 ff.

Dem Typ der Ordnungsrichtlinie ist auf dem *Gebiet des Immis-sionsschutzes* die *Richtlinie* vom 28.Juni 1984 *zur Bekämpfung der Luftverunreinigung durch Industrieanlagen*[158] zuzuordnen. Sie ver-pflichtet die Mitgliedstaaten, die erforderlichen Maßnahmen zu treffen, um sicherzustellen, daß der Betrieb wie auch die wesentliche Änderung von Anlagen bestimmter Kategorien dem Erfordernis einer vorherigen behördlichen Genehmigung unterworfen wird (Art. 3). Die Genehmi-gung darf nach dieser Richtlinie nur erteilt werden, wenn sich die zuständige Behörde vergewissert hat, daß „alle geeigneten Vorsorge-maßnahmen gegen Luftverunreinigungen, einschließlich des Einsatzes der besten verfügbaren Technologie, getroffen worden sind, sofern die Durchführung solcher Maßnahmen keine unverhältnismäßig hohen Kosten verursacht". Des weiteren setzt die Erteilung der Genehmigung voraus, daß der Betrieb der Anlage „keine signifikante Luftverunreini-gung", insbesondere durch die Emission enumerativ benannter Stoffe, verursacht wird, keiner der geltenden Emissionsgrenzwerte über-schritten wird und alle geltenden Luftqualitätsgrenzwerte berücksichtigt werden (Art. 4). Die Mitgliedstaaten bleiben befugt, stark belastete sowie besonders schutzwürdige Gebiete zu bestimmen, für die stren-gere als die allgemein geltenden Grenzwerte festgelegt oder verschärfte Anforderungen an die Errichtung oder den Betrieb von Anlagen bestimmter Kategorien gestellt werden können (Art. 5). Ähnlich wie die Ordnungsrichtlinien auf dem Gebiet des Gewässerschutzes schreibt auch die Richtlinie zur Bekämpfung der Luftverunreinigung durch Industrieanlagen den nachfolgenden Erlaß konkretisierender Standardi-sierungsrichtlinien vor: Der Rat legt, soweit erforderlich, auf Vorschlag der Kommission einstimmig aufgrund der besten verfügbaren Techno-logien Emissionsgrenzwerte fest, die keine unverhältnismäßig hohen Kosten verursachen, und berücksichtigt dabei Art, Mengen und Schäd-lichkeit der betreffenden Emissionen; ebenso bestimmt der Rat auf Vorschlag der Kommission einstimmig die entsprechenden Meß- und Berechnungsverfahren sowie die hierbei anzuwendenden Methoden (Art. 8). Das Genehmigungsverfahren muß dem Prinzip der Publizität entsprechen: Die Mitgliedstaaten treffen die erforderlichen Maßnahmen, um sicherzustellen, daß die Genehmigungsanträge und die behördlichen Entscheidungen der betroffenen Öffentlichkeit unter Beachtung der nationalen Vorschriften bekanntgegeben werden; diese Verpflichtung gilt „unbeschadet" besonderer einzelstaatlicher oder gemeinschaftsrecht-licher Vorschriften über die Umweltverträglichkeitsprüfung und „vor-

---

[158] Oben Fn. 131.

behaltlich" der Einhaltung der einschlägigen Vorschriften zum Schutz des Firmen- und Geschäftsgeheimnisses (Art. 9).

Versucht man, die (Ordnungs-)Richtlinie vom 28. Juni 1984 zur Bekämpfung der Luftverunreinigung durch Industrieanlagen zu würdigen, so verdient dreierlei hervorgehoben zu werden: *Erstens* sind der Genehmigungsvorbehalt sowie die formellen und materiellen Genehmigungsvoraussetzungen der Richtlinie mit dem deutschen Regelungskonzept der Anlagengenehmigung nach den §§ 4 ff. BImSchG kompatibel, ja diesem Konzept offenbar nachempfunden[159]. Insoweit sind daher Konflikte zwischen dem deutschen und dem supranationalen Regelungskonzept nicht zu besorgen. *Zweitens* ist die so konzipierte Ordnungsrichtlinie insgesamt knapp und inhaltlich weitmaschig gefaßt. Gegenüber den mitgliedstaatlichen Regelungen der Anlagengenehmigung erweist sie sich dadurch als flexibel. Infolgedessen scheint sie nur einen geringen Zwang zur Rechtsvereinheitlichung ausgelöst zu haben. *Drittens* sind ihre Anforderungen an geeignete Vorsorgemaßnahmen gegen Luftverunreinigungen eher bescheiden. Insbesondere wird hierbei der Einsatz der besten verfügbaren Technologien nur verlangt, sofern die Durchführung solcher Maßnahmen keine unverhältnismäßig hohen Kosten verursacht. Diese Relativierung läßt den Mitgliedstaaten einen erheblichen Spielraum zur Berücksichtigung wirtschaftlicher Gesichtspunkte. Davon zeugt beispielsweise der bisher im britischen Recht vorgeschriebene Maßstab „best available techniques not entailing excessive costs" (BATNEEC)[160]. Die Schwäche der supranationalen Vorgaben erklärt den Befund, daß das nationale Recht des Immissionsschutzes und der Anlagengenehmigung innerhalb der Europäischen Gemeinschaften nach wie vor erhebliche Unterschiede aufweist[161].

Der gegenwärtige Rechtszustand erklärt ferner die aktuellen Bemühungen, eine neue Ordnungsrichtlinie für den Immissionsschutz und die Genehmigung bestimmter Industrieanlagen zu erarbeiten. So ist unter dem Arbeitstitel *„Integrated Pollution Prevention and Control"* im Okto-

---

[159] Vgl. dazu *Schröder/Jabornegg/Kapolnek/Kemptner*, Waldschäden – rechtliche Aspekte, 1989, S. 21 f.; *Koch* (Fn. 1), S. 82 f.; auch *Koch/Altenbeck* (Fn. 133), S. 11 f.

[160] Environmental Protection Act 1990, Part. I, section 7 (2); vgl. dazu *Ball/Bell*, Environmental Law, 1991, S. 18, 230 ff.; *Lomas*, DVBl. 1992, S. 949 (952 f.); prekär erscheint insbesondere – trotz der hiermit innerhalb des britischen Rechts erstrebten Verschärfung – die Einschränkung „not entailing excessive costs"; vgl. *Ball/Bell*, ebda., S. 232, und *Lomas*, ebda., S. 952.

[161] Vgl. die Studie von *Koch/Altenbeck* (Fn. 133); dazu oben III 2 a, in und bei Fn. 133–143.

ber 1992 die fünfte Fassung eines bisher nur in englischer Sprache formulierten Richtlinienentwurfs („Framework Directive") vorgelegt worden[162]. Die künftige Ordnungsrichtlinie soll im Ergebnis die geltende Richtlinie zur Bekämpfung der Luftverunreinigung durch Industrieanlagen ablösen[163]. Aufgrund der bisherigen Erfahrungen erscheint eine weitergehende Rechtsvereinheitlichung auf dem Gebiet des Immissionsschutzes und der Anlagengenehmigung an sich wünschenswert. Kritisch bleibt jedoch aus der Sicht des deutschen Rechts zu prüfen, ob die vorgesehene, offenbar auf britische Anstöße zurückgehende Zulassungs- und Überwachungsordnung des Richtlinienentwurfs mit dem Regelungskonzept der §§ 4 ff. BImSchG vereinbar ist oder ob ein eventueller Konzeptwandel erwünscht, zumindest aber hinnehmbar ist. Schon der integrierte Ziel- und Anforderungshorizont des Richtlinienentwurfs ("integrated approach so as to achieve a high overall level of protection for the environment as a whole and for human health")[164] läßt einerseits die Frage aufkommen, ob die Genehmigungsvoraussetzungen der §§ 5, 6 BImSchG hinreichend umfassend oder zu eng gefaßt sind. Andererseits ist die Frage offen, ob der Entwurf im Sinne strikter juristischer und justitiabler Postulate oder nur im Sinne programmatischer Politikziele verstanden werden soll. Des weiteren sind die vorgesehenen Genehmigungsvoraussetzungen („conditions of the permit")[165] sowie der Maßstab der „best available techniques" (BAT) und der vorgeschriebenen Umweltqualitätsziele („environmental quality objectives")[166] einerseits durch verbale Strenge, andererseits aber auch durch Relativierungsklauseln gekennzeichnet, als Entscheidungsmaßstab also nicht leicht einschätzbar. Auch

---

[162] Draft 5, nicht veröffentlicht; nach der Abfassung dieser Abhandlung bekanntgeworden: draft 6 vom Dezember 1992, ebenfalls nicht veröffentlicht; vgl. dazu *Weber*, The Planned „Integrated Pollution Prevention and Control" Framework Directive, in: Environmental Network International, Newsletter 1/93, S. 25 ff.

[163] Das Außerkrafttreten der Richtlinie 84/360/EWG, ABl. EG Nr. L 188/123 (oben Fn. 131) ist in Art. 19 IPPC-Framework Directive, draft 5 (oben Fn. 162) vorgesehen.

[164] Art. 1 (Purpose and scope) IPPC-Framework Directive, draft 5 (oben Fn. 162).

[165] Art. 7 (Conditions of the permit) IPPC-Framework Directive, draft 5 (Fn. 162).

[166] Art. 8 (BAT and environmental quality objectives) IPPC-Framework Directive, draft 5 (oben Fn. 162); in dem Maßstab BAT (best available techniques) liegt, verglichen mit dem bisherigen britischen Maßstab BATNEEC (dazu oben in und bei Fn. 160), wegen des Fortfalls der Einschränkung „not entailing excessive costs" aus der Sicht des britischen Rechts eine (weitere) Verschärfung der Anforderungen; vgl. *Weber* (Fn. 162), S. 26.

die verwaltungsrechtliche Bedeutung der Anlagengenehmigung und die Wahrung des Bestandsschutzes geraten ins Zwielicht, wenn die zuständige Behörde – wie vorgesehen – eine erteilte Genehmigung „jederzeit und insbesondere dort" aufheben oder ändern darf, wo sie der Auffassung ist, daß Entwicklungen in bezug auf die besten verfügbaren Techniken („best available techniques") stattgefunden haben[167].

Die Erfahrung lehrt, daß solche Zweifel – wenn irgend möglich – vor der Verabschiedung der Richtlinie behoben werden sollten. Sie auf sich beruhen zu lassen und ihre Klärung der künftigen Rechtsauslegung zu überlassen, käme einer „Vogel-Strauß-Politik" gleich. Die bisherigen, eingangs geschilderten Konflikte zwischen dem nationalen und dem supranationalen Umweltrecht mahnen zu einer kritischeren Haltung bei der Beratung und Beschlußfassung über derartige Ordnungsrichtlinien.

Als Ordnungsrichtlinie mit dem Inhalt einer Zulassungs- und Überwachungsordnung ist schließlich auf dem *Gebiet des Chemikalienrechts* die – oft unter abgekürztem Titel zitierte – *„Sechste EG-Änderungsrichtlinie"* hervorzuheben. Ihr vollständiger Titel lautet „Richtlinie des Rates vom 18. September 1979 zur sechsten Änderung der Richtlinie 67/548/EWG zur Angleichung der Rechts- und Verwaltungsvorschriften für die Einstufung, Verpackung und Kennzeichnung gefährlicher Stoffe"[168]. Damit wird der Inhalt dieser Richtlinie kaum aufgedeckt. Der Kundige weiß jedoch, was sich hinter der Tarnkappe des Titels verbirgt. Die so bezeichnete Richtlinie bezieht sich – anders als die zuvor erwähnten Ordnungsrichtlinien – weder auf bestimmte Umweltmedien oder Umweltgüter noch auf bestimmte Arten umweltrelevanter Anlagen, sondern auf bestimmte Kategorien umweltgefährdender Stoffe. Systematisch betrachtet gehört sie somit dem kausalen, nämlich stoffbezogenen und medien-

---

[167] Art. 11 (Reconsideration of permits by the competent authority) IPPC-Framework Directive, draft 5 (oben Fn. 162), section 1: "Subject to the provisions of Article 6.2 and 6.3 the competent authority may reconsider a permit it has granted in accordance with this Directive at any time and in particular where it considers that developments have taken place in best available techniques. In making such a consideration, the competent authority must take into account information on best availble techniques published by the Commission under Article 14." Im übrigen sieht der vorgeschlagene Art. 11, section 2 IPPC-Framework Directive (oben Fn. 162) vor, daß die mitgliedstaatlichen Behörden die erteilten Genehmigungen bei 90%iger steuerlicher Abschreibung des Investitionsaufwandes oder spätestens nach einer festen Periode von 5 Jahren (draft 5) oder 7 Jahren (draft 6) aktualisieren müssen; vgl. dazu *Weber* (Fn. 162), S. 26 f.

[168] Richtlinie 79/831/EWG, ABl. EG Nr. L 259/10.

übergreifenden Umweltschutz an[169]. Inhaltlich erweist sie sich indessen ebenfalls als Ordnungsrichtlinie, da sie eine allgemeine Regelung nicht nur über die Einstufung, Verpackung und Kennzeichnung gefährlicher Stoffe, sondern auch über das Inverkehrbringen der näher bezeichneten chemischen Stoffe trifft.

Im Mittelpunkt dieser Regelung stehen die Bestimmungen über die Anmeldepflicht und das behördliche Anmeldeverfahren. Danach ist jeder Hersteller oder Importeur eines neuen Stoffes im Sinne der Richtlinie verpflichtet, diesen spätestens 45 Tage vor dem Inverkehrbringen bei der zuständigen Stelle des jeweiligen Mitgliedstaates anzumelden (Art. 6 ff.)[170]. Den Mitgliedstaaten ist es mithin grundsätzlich verwehrt, das Inverkehrbringen chemischer Stoffe einem Genehmigungsvorbehalt zu unterwerfen. Zur näheren gesetzlichen Regelung sowie zur administrativen Bereitstellung eines Anmeldeverfahrens mit den vorgesehenen Vorlage-, Erklärungs- und Auskunftspflichten sind die Mitgliedstaaten jedoch verpflichtet. In diesem Rahmen müssen sie eine behördliche Präventivkontrolle gewährleisten. Nicht ausgeschlossen sind hierdurch Verbote, Beschränkungen und sonstige Eingriffe in bezug auf bestimmte gefährliche Stoffe, sofern im Einzelfall die gesetzlich zu regelnden Voraussetzungen einer Gefahr oder eines Gefahrenverdachts erfüllt sind[171].

c) Als *dritter Typ* gemeinschaftsrechtlicher Richtlinien des Umweltschutzes sind vielfach *Stoffrichtlinien* anzutreffen. Sie pflegen die Herstellung, das Inverkehrbringen oder die Verwendung, Lagerung, Ablagerung oder sonstige Entsorgung bestimmter Stoffe zu verbieten oder zu beschränken. Regelmäßig betreffen sie Stoffe, denen ein besonderes Gefährdungspotential innewohnt. Aufgrund des stoffbezogenen, medienunabhängigen Regelungsansatzes sind solche Richtlinien dem kausalen Umweltschutz zuzurechnen[172]. Beispiele bilden die erwähnte, vom Europäischen Gerichtshof aus Kompetenz- und Verfahrensgründen für nichtig erklärte Richtlinie vom 21. Juni 1989 über die Modalitäten zur Vereinheitlichung der Programme zur Verringerung und späteren Unterbindung der

---

[169] Vgl. *Breuer*, in: Chemikalienrecht, Schriften der Gesellschaft für Rechtspolitik, Bd. 3, 1986, S. 163 ff.; *ders.*, in: v. Münch/Schmidt-Aßmann (Hrsg.), Besonderes Verwaltungsrecht, 9. Aufl. 1992, 5. Abschn. Rdn. 43.

[170] Vgl. dazu *Breuer*, in: Chemikalienrecht (Fn. 169), S. 187 f.; ferner *Kloepfer*, Chemikaliengesetz, 1982, S. 22 f., 64 ff.

[171] Art. 23 der Richtlinie 79/831/EWG, ABl. EG Nr. L 259/10 (oben Fn. 168), Art. 1; dazu im einzelnen *Breuer*, in: Chemikalienrecht (Fn. 169), S. 188 ff., 206 ff., 253 ff.

[172] Vgl. zur Systematik *Breuer*, in: v. Münch/Schmidt-Aßmann (Fn. 169), Rdn. 41 ff.

Verschmutzung durch Abfälle der Titandioxid-Industrie[173], die Asbest-Richtlinien vom 19. September 1983, vom 19. März 1987 und vom 3. Dezember 1991[174] sowie die Richtlinie vom 18. März 1991 über gefährliche Stoffe enthaltende Batterien und Akkumulatoren[175].

Außer Frage steht, daß solche Stoffrichtlinien aus Gründen eines effektiven Umweltschutzes wie auch im Interesse der binnenmarktbezogenen Wettbewerbsgleichheit erwünscht und letztlich notwendig sind. Gegenüber den Standardisierungsrichtlinien im Gestalt von Emissions-, Immissions- und Qualitätsrichtlinien sowie gegenüber den Ordnungsrichtlinien des Chemikalien- und des Abfallrechts stellen derartige Stoffrichtlinien gezielte Verschärfungen des gemeinschaftsrechtlichen Umweltschutzes dar. Aus der Sicht des nationalen Umweltschutzes sind sie kaum problematisch, es sei denn, daß sie infolge einer verfehlten Inanspruchnahme der Binnenmarktkompetenz (Art. 100 a EWGV/EGV) nicht als bloße Mindestvorschriften, sondern überdies als Sperre für weitergehende Verbote oder Beschränkungen des nationalen Umweltrechts begriffen werden. Wie der Streit um die richtige Kompetenzgrundlage der Titandioxid-Richtlinie zeigt, würde damit indessen die binnenmarktbezogene Wettbewerbsgleichheit einseitig bevorzugt und gegen die gemeinschaftsrechtliche Zielsetzung eines effektiven, vorbeugenden und vorsorgenden Umweltschutzes (Art. 130 r Abs. 1 und 2 EWGV/EGV) ausgespielt[176].

d) Ganz andersartige Regelungs- und Umsetzungsprobleme wirft ein *vierter Typ* gemeinschaftsrechtlicher Richtlinien auf, der sich offenbar im Vordringen befindet. Zu seiner Kennzeichnung kann man von *Verfahrens- oder Instrumentenrichtlinien mit Querschnittcharakter* sprechen. Das bekannteste Beispiel bildet die Richtlinie vom 27. Juni 1985 über die Umweltverträglichkeitsprüfung bei bestimmten öffentlichen und privaten Projekten[177]. Ein anderes, kaum weniger brisantes Beispiel findet sich in der Richtlinie vom 7. Juni 1990 über den freien Zugang zu Informationen

---

[173] Oben Fn. 65.

[174] Richtlinie 83/447/EWG über den Schutz der Arbeitnehmer gegen die Gefährdung durch Asbest am Arbeitsplatz (Zweite Einzelrichtlinie im Sinne des Artikels 8 der Richtlinie 80/1107/EWG), ABl. EG Nr. L 263/25; Richtlinie 87/217/EWG zur Verhütung und Verringerung der Umweltverschmutzung durch Asbest, ABl. EG Nr. L 85/40; Richtlinie 91/659/EWG der Kommission zur Anpassung des Anhanges I der Richtlinie 76/769/EWG des Rates zur Angleichung der Rechts- und Verwaltungsvorschriften der Mitgliedstaaten für Beschränkungen des Inverkehrbringens und der Verwendung gewisser gefährlicher Stoffe und Zubereitungen an den technischen Fortschritt (Asbest), ABl. EG Nr. L 363/36.

[175] Richtlinie 91/271/EWG, ABl. EG Nr. L 135/40.

[176] Vgl. oben II 1 a mit den Nachweisen in Fn. 61–72.

[177] Oben Fn. 55.

über die Umwelt[178]. Derartige Richtlinien pflegen auf hohem Abstraktionsniveau und mit umweltpolitischer Emphase zu fordern, daß die Mitgliedstaaten gewisse Verwaltungsverfahren, Verfahrensschritte, Handlungsformen oder Kontrollinstrumente in das jeweilige nationale Recht einfügen.

Auf den ersten Blick erscheinen solche Implantationen begrüßenswert, dienen sie doch der Rechtsvereinheitlichung, nämlich der Entwicklung gemeineuropäischer Institute des Umweltrechts[179]. Die erstrebte Wohltat kann sich jedoch in ihr Gegenteil verkehren, wenn man übersieht, daß die Grundstrukturen insbesondere des nationalen Verwaltungsrechts in den EG-Mitgliedstaaten nach wie vor erhebliche Unterschiede aufweisen. Dies gilt vor allem für den Grad der Verrechtlichung des Verwaltungshandelns, die Reichweite der Beurteilungs-, Abwägungs- und Gestaltungsbefugnisse der Verwaltung sowie die von den Gerichten in Anspruch genommene Kontrolldichte[180]. Vor dem Hintergrund der jeweiligen nationalen Verwaltungsrechtsordnung erweisen sich die Inhalte der Verfahrens- oder Instrumentenrichtlinien ungeachtet ihres Querschnittcharakters als punktuelle, selektiv geforderte Rechtsinstitute. Ihre Implantation in das nationale Recht kann nicht als schematischer oder isolierter Vorgang verstanden werden. Sie muß vielmehr im Zusammenhang und unter Berücksichtigung der vorgefundenen Strukturen und Prinzipien erfolgen. Demgemäß wirft sie höchst unterschiedliche Probleme auf, je nachdem, welche Rahmenbedingungen die jeweilige nationale Rechtsordnung aufweist.

Zeichnet sich diese durch ein vergleichsweise hohes Maß an Verrechtlichung und Vollzugsstrenge sowie an gerichtlicher Kontrolldichte und Letztentscheidungsbefugnis aus, so drängt sich die Frage auf, ob und inwieweit ein derartiges Verwaltungsrecht die Implantation von zusätzlichen Verfahrensformen oder von neuen Handlungs- oder Kontrollinstrumenten systemimmanent verkraften kann. Am prekärsten spitzt sich die so gestellte Frage zu, wenn das Verwaltungsrecht eines Mitgliedstaates

---

[178] Oben Fn. 56; grundlegend zu diesem Thema: Winter (Hrsg.), Öffentlichkeit von Umweltinformationen, 1990; demnächst auch die Beiträge von *Meyer-Rutz*, *Lemp* und *Fluck* zum Thema „Freier Zugang zu Umweltinformationen im Schnittpunkt umweltpolitischer, administrativer und wirtschaftlicher Interessen", in: UTR (Fn. 1) Bd. 22, 1993; w. N. hierzu oben in Fn. 58.

[179] Vgl. oben Fn. 115.

[180] Vgl. dazu die grundlegende Studie von Schwarze/Schmidt-Aßmann (Hrsg.) (Fn. 114); ferner *Bok*, Rechtsbescherming in Frankrijk en Duitsland, 1986; eine ausführliche Untersuchung zur Verwaltungsgerichtsbarkeit im niederländischen Umweltrecht bieten: *Widdershoven/Jurgens/van Buuren/Addink*, Bestuursrechtspraak in milieugeschillen, 1991.

dem juristischen Subsumtionsmodell folgt, also die strikte, rechtsbegrifflich-tatbestandliche und justitiable Festlegung von Verwaltungsentscheidungen favorisiert. Gerade das deutsche Verwaltungsrecht ist in seiner jüngeren Geschichte diesen Weg gegangen[181]. Auf einem derartigen Niveau der Verrechtlichung gerät die Implantation zusätzlicher Anforderungen und Instrumente leicht zu einem juristischen Spießrutenlaufen. Einerseits droht die Überfrachtung des strikt verstandenen Rechts und somit dessen Funktionsunfähigkeit, letztlich also der Kollaps des Rechts. Andererseits laufen modellkonforme, juristisch formulierte „Dosierungen" der zusätzlichen Anforderungen und Instrumente bei der Umsetzung derartiger Verfahrens- oder Instrumentenrichtlinien Gefahr, auf der supranationalen Ebene als europarechtswidrig gebrandmarkt zu werden.

Umgekehrt bereitet es einer nationalen Rechtsordnung mit vergleichsweise geringer Verrechtlichung, weiten Verwaltungsbefugnissen und entsprechend verminderter gerichtlicher Kontrolldichte regelmäßig keine Schwierigkeiten, zusätzliche Komponenten des Verwaltungsverfahrens sowie des Handlungs- oder Kontrollinstrumentariums einzuführen. Wo sich gar das Verwaltungsrecht eines Mitgliedstaates im wesentlichen auf eine finale Programmierung administrativer Abwägungs-, Ermessens- und Gestaltungsentscheidungen beschränkt, werden solche zusätzlichen Verfahrensformen und Instrumente vollends absorbiert, also juristisch entschärft. Ihre Implantation vermag dort schwerlich Impulse einer weiteren Verrechtlichung auszulösen, geschweige denn das System oder die Funktionsfähigkeit der Verwaltungsrechtsordnung zu gefährden. Vielmehr liegt es im Rahmen einer solchen Rechtsordnung nahe, die zusätzlichen Verfahrensformen und Instrumente systemkonform auf dem vorgefundenen Niveau geringer Verrechtlichung zu begreifen und zu praktizieren. Ihre Umsetzung in das nationale Recht läßt sich dann ebenso vollständig wie bedeutungsarm, wenn nicht sogar folgenlos verwirklichen. Jedenfalls erscheint sie aus der Sicht einer solchen Verwaltungsrechtsordnung keineswegs problematisch oder gar dramatisch.

Vor ernsthaften Umsetzungsproblemen stehen letztlich nur diejenigen Mitgliedstaaten, deren Verwaltungsrechtsordnung durch strikte Verrechtlichung, praktizierte Vollzugsstrenge und hohe gerichtliche Kontroll-

---

[181] Vgl. statt vieler *Papier*, Die Stellung der Verwaltungsgerichtsbarkeit im demokratischen Rechtsstaat, 1979; *ders.*, Rechtskontrolle technischer Großprojekte, in: Bitburger Gespräche, Jahrbuch 1981, S. 81 ff.; *ders.*, in: Festschrift für Carl Hermann Ule, 1987, S. 235 ff.; Götz/Klein/Starck (Hrsg.), Die öffentliche Verwaltung zwischen Gesetzgebung und richterlicher Kontrolle, Göttinger Symposion, 1985; *Schmidt-Aßmann*, in: Schwarze/Schmidt-Aßmann (Fn. 114), S. 9 ff., 43 ff.

dichte gekennzeichnet ist. Die Sorge, daß bei der supranationalen Umsetzungskontrolle mit zweierlei Maß gemessen wird, ist insbesondere bei Verfahrens- oder Instrumentenrichtlinien mit Querschnittcharakter nicht das Ergebnis einer nationalen Verengung des Blicks oder einer europafeindlichen Tendenz. Vielmehr wird man der Unterschiedlichkeit der vorgefundenen Umsetzungslage und der daraus entstehenden, gerade bei solchen Richtlinien hervortretenden Umsetzungsprobleme erst ansichtig, wenn man die unterschiedlichen Verwaltungsrechtsordnungen der EG-Mitgliedstaaten rechtsvergleichend betrachtet. Nur auf der Grundlage einer soliden rechtsvergleichenden Analyse kann eine überzeugende supranationale Rechtsvereinheitlichung gelingen[182]. Das Kardinalproblem der gegenwärtigen, querschnittartig angelegten Verfahrens- oder Instrumentenrichtlinien liegt in ihrer Blindheit gegenüber den Zusammenhängen der jeweiligen nationalen Rechtsordnung, in die sie eingefügt werden sollen. Infolgedessen bleiben beim Erlaß solcher Richtlinien allzu leicht die strukturellen Unterschiede sowie die jeweiligen strukturbedingten Möglichkeiten und Zwänge der mitgliedstaatlichen Verwaltungsrechtsordnungen verborgen. Die nationale Umsetzung derartiger Verfahrens- oder Instrumentenrichtlinien leidet daher an der ignorierten Hypothek ungleicher Rahmenbedingungen. Somit fehlt es weithin an der realen Vergleichbarkeit der Umsetzung solcher Richtlinien. Schließlich gehen hierdurch die Gleichmäßigkeit und der Wirklichkeitsbezug der supranationalen Umsetzungskontrolle verloren.

Für die beschriebenen, bisher kaum bedachten Zusammenhänge und Konfliktlagen bietet die Umsetzung der *Richtlinie* vom 27. Juni 1985 *über die Umweltverträglichkeitsprüfung bei bestimmten öffentlichen und privaten Projekten*[183] lehrreiches Anschauungsmaterial. So viel über die Umsetzung der – allgemein im üblichen Abkürzungsjargon zitierten – „UVP-Richtlinie" in der Bundesrepublik Deutschland geschrieben und gestritten worden ist, so vordergründig bleibt diese Diskussion, solange sie ohne eine systematische und rechtsvergleichende Gesamtschau geführt wird. Bekanntlich hat die Bundesrepublik die UVP-Richtlinie nach der langwierigen und zähen Kontroverse erst durch das Gesetz über die Umweltverträglichkeitsprüfung vom 12. Februar 1990[184] umgesetzt. Damit hat sie die dreijährige Umsetzungsfrist (Art. 12 Abs. 1 der UVP-Richtlinie) erheblich überschritten. Trotzdem sind die Stimmen, welche

---

[182] Ebenso z. B. *Bosselmann* (Fn. 114), S. XII; *Schwarze,* Europäisches Verwaltungsrecht (Fn. 114).

[183] Oben Fn. 55.

[184] BGBl. I S. 205; zur Entstehungsgeschichte dieses Gesetzes *Erbguth/ Schink,* Gesetz über die Umweltverträglichkeitsprüfung, 1992, Einl. Rdn. 1 ff.

die Europarechtskonformität der deutschen Umsetzung anzuzweifeln[185], bis heute nicht verstummt. Der verwickelte Diskussionsstand[186] kann hier nicht im einzelnen wiedergegeben werden. Wesentlich erscheint indessen der entstehungsgeschichtliche und rechtssystematische Kontext. So darf nicht außer acht bleiben, daß die UVP-Richtlinie an ausländischen Vorbildern, insbesondere an denjenigen des Environmental Impact Assessment gemäß dem US-amerikanischen National Environmental Policy Act von 1969[187] und der französischen Étude d'impact oder Notice d'impact gemäß dem Naturschutzgesetz von 1976 (Loi n° 76-629 du 10 juillet 1976 relative à la protection de la nature)[188] ausgerichtet ist. Nach der Richtlinie soll die Umweltverträglichkeitsprüfung gewährleisten, daß die unmittelbaren und mittelbaren Umweltauswirkungen bestimmter enumerativ definierter Vorhaben im Einzelfall in umfassender, medienübergreifender Weise identifiziert, beschrieben und bewertet werden, bevor eine Genehmigungsentscheidung getroffen wird (Art. 2 Abs. 1, Art. 3 und 4). Die Richtlinie stellt es den Mitgliedstaaten frei, die Umweltverträglichkeitsprüfung entweder im Rahmen der bestehenden Genehmigungsverfahren oder, falls solche nicht bestehen, im Rahmen anderer, eventuell neu zu schaffender Verfahren durchzuführen (Art. 2 Abs. 2). In erster Linie ist sicherzustellen, daß der Projektträger die für die Prüfung erforderlichen Angaben in geeigneter Form vorlegt (Art. 5). Im übrigen haben die

---

[185] So z. B. *Erbguth/Schink* (Fn. 184), Einl. Rdn. 93, § 2 Rdn. 20 ff., 43 ff., 49 f., 57 ff., § 3 Rdn. 5 f., § 6 Rdn. 6, § 12 Rdn. 35 ff., 95 ff.; *dies.*, DVBl. 1991, S. 413, 417 ff.; *Winter*, NuR 1989, S. 197 ff.; *Weber/Hellmann*, NJW 1990, S. 1625 (1629 ff.).

[186] Vgl. neben den oben (Fn. 58 und 185) genannten Stimmen *Cupei*, Umweltverträglichkeitsprüfung, 1986; *Bunge*, Die Umweltverträglichkeitsprüfung im Verwaltungsverfahren, 1986; *Bartlsperger*, DVBl. 1987, S. 1 ff.; *Hoppe/Püchel*, DVBl. 1988, S. 1 ff.; *Erbguth*, NVwZ 1988, S. 969 ff.; *ders.*, VerwArch. 1990, S. 327 ff.; *Steinberg*, DVBl. 1988, S. 995 ff.; *ders.*, DVBl. 1990, S. 1369 ff.; *Weber*, Die Umweltverträglichkeitsprüfung im deutschen Recht, 1988; *Hundertmark*, Die Durchführung der Umweltverträglichkeitsprüfung, 1988; *Soell/Dirnberger*, NVwZ 1990, S. 705 ff.; *Kloepfer/Rehbinder/Schmidt-Aßmann* unter Mitwirkung von *Kunig*, Umweltgesetzbuch, Allgemeiner Teil, hrsg. vom Umweltbundesamt, 1990, S. 223 ff.; *Bohne*, ZAU 1990, S. 341, 345 ff.; *Gallas*, UPR 1991, S. 214 ff.; *Ziegler*, NJW 1991, S. 409; *Lange*, DÖV 1992, S. 780 ff.

[187] Pub. L 91-190, geändert durch Pub. L 94-52 vom 3. 7. 1975 und Pub. L 94-83 vom 9. 8. 1975; abgedruckt in NEPA Deskbook, Environmental Law Institute, 1989, S. 28 ff.; vgl. dazu *Kennedy*, in: Kimminich / v. Lersner / Storm (Hrsg.), Handwörterbuch des Umweltrechts, Bd. II, 1988, Sp. 882 ff.; *Bothe/Gündling* (Fn. 114), S. 101 ff.

[188] Abgedruckt in: Code Permanent Environnement et Nuissances, Editions législatives et administratives, 2ᵉ vol., S. 1736A ff.; vgl. dazu *Prieur*, ZfU 1984, S. 367 ff.; *Coenen/Jörissen* (Fn. 114), 1989, S. 86 ff.; *Bothe/Gündling* (Fn. 114), S. 136 ff.; *Morand-Deviller*, Le droit de l'environnemnt, 2ᵉ édition 1993, S. 9 ff.

Mitgliedstaaten den betroffenen Umweltbehörden die Stellungnahme zu dem Genehmigungsantrag zu ermöglichen und für eine Beteiligung der Öffentlichkeit Sorge zu tragen (Art. 6). Bei grenzüberschreitender Betroffenheit eines anderen Mitgliedstaates sind diesem Informationen zu erteilen und die notwendigen Konsultationen auf der Basis von Gegenseitigkeit und Gleichwertigkeit zu gewähren (Art. 7). Daß die UVP-Richtlinie nicht nur formellrechtliche, sondern auch materiellrechtliche Anforderungen stellt, ist als geklärt anzusehen[189]. Der Grad der materiellen Inpflichtnahme ist jedoch, dem US-amerikanischen wie dem französischen Vorbild[190] folgend, denkbar niedrig angesetzt: Die eingeholten Angaben des Projektträgers, der betroffenen Umweltbehörden des prüfpflichtigen Mitgliedstaates sowie von seiten eines anderen Mitgliedstaates „sind im Rahmen des Genehmigungsverfahrens zu berücksichtigen" (Art. 8 i. V. m den Art. 5, 6 und 7). Überblickt man den Inhalt der UVP-Richtlinie, so zeichnet sie sich einerseits durch ihre anspruchsvollen, nämlich ganzheitlichen und integrierten Prüfanforderungen aus. Andererseits legt sie implizit eine prinzipielle Abwägungs- und Gestaltungsbefugnis der Genehmigungsbehörde zugrunde. Diese eigenständige, im Kern politisch und planerisch zu verstehende Entscheidungsbefugnis der Verwaltung wird weder durch die vorbereitende Identifizierung, Beschreibung und Bewertung der im Einzelfall zu erwartenden Umweltauswirkungen des Vorhabens (Art. 3) noch durch die entscheidungsrelevante Berücksichtigung der eingeholten Angaben (Art. 8) aufgehoben oder substantiell eingeschänkt.

Nach alledem mochte es scheinen, als sei die UVP-Richtlinie, von umweltpolitischer Emphase und allgemeinem Konsens getragen, leicht in das nationale Recht umsetzbar. Mehr noch: Juristen aus den beteiligten Mitgliedstaaten neigten durchweg zu der Ansicht, die eigene Rechtsordnung sei am weitesten fortgeschritten oder am ehesten dazu prädestiniert, die Umweltverträglichkeitsprüfung zu regeln und durchzusetzen[191]. Auch

---

[189] Vgl. statt vieler *Erbguth/Schink* (Fn. 184), § 12 Rdn. 18 ff.; Cupei (Fn. 186), S. 172 f.; *Bunge* (Fn. 186), S. 34; *Bartlsperger*, DVBl. 1987, S. 1 (4); *Hoppe/Püchel*, DVBl. 1988, 1 (4); Rat von Sachverständigen für Umweltfragen, DVBl. 1988, S. 21 f.; *Wahl*, DVBl. 1988, S. 86 (87, 88); *Schmidt-Aßmann* (Fn. 58), S. 898 ff.; *Püchel*, Die materiell-rechtlichen Anforderungen der EG-Richtlinie zur Umweltverträglichkeitsprüfung, 1989; jeweils m. w. N.

[190] Vgl. die Nachweise oben in Fn. 187 und 188.

[191] Vgl. die Nachweise bei *Cupei* (Fn. 186), S. 236 ff., insbesondere S. 272; ferner bei *Coenen/Jörissen* (Fn. 114) die zusammenfassende Bewertung auf S. 19 f. sowie die rechtsvergleichenden Einzeldarstellungen in den Länderberichten auf S. 45 ff.; *Jankowski*, in: Rengeling (Fn. 4), S. 21 ff.; vgl. in diesem Zusammenhang auch *Lomas*, DVBl. 1990, S. 1201 (1202): Großbritannien betrachtete die UVP-Richtlinie als unnötig.

die verhandlungsführende Ministerialverwaltung der Bundesrepublik Deutschland ließ sich offenbar zunächst von der Vorstellung leiten, daß das deutsche Umweltrecht in formeller wie in materieller Hinsicht besonders streng sei. Daran knüpfte sich anscheinend die Meinung, das Anliegen der Umweltverträglichkeitsprüfung sei für alle umweltrelevanten Großvorhaben im deutschen Recht schon vor der Verabschiedung und der Umsetzung der Richtlinie weitestgehend verwirklicht, so daß sich deren förmliche Umsetzung in der Bundesrepublik Deutschland fast erübrige[192].

Diese Einschätzung sollte sich bald danach als Irrtum erweisen. Insbesondere geriet im Bereich des deutschen Rechts die immissionsschutzrechtliche Anlagengenehmigung (§§ 4 ff. BImSchG) aufgrund der unterschiedlichen Regelungsansätze des nationalen und des supranationalen Rechts zwischen die beiderseitigen Mühlsteine. Nachdem klargestellt war, daß die UVP-Richtlinie sich nicht auf formellrechtliche Anforderungen beschränkt, mußte die schlichte Annahme korrigiert werden, die materiellrechtlichen Anforderungen des deutschen Umweltrechts seien ohnehin unübertroffen und deshalb im Hinblick auf die Richtlinie nicht anpassungsbedürftig. Man hatte übersehen, daß sich die Grundstrukturen des deutschen Umweltrechts von denjenigen anderer nationaler Rechtsordnungen unterscheiden. So blieb auch unberücksichtigt, daß gerade die Herkunftsstaaten der Umweltverträglichkeitsprüfung anderen verwaltungsrechtlichen Grundvorstellungen folgen und daher die UVP-Richtlinie von dieser andersartigen Prägung beherrscht ist[193]. Infolgedessen war das Kardinalproblem, ob und wie die Umweltverträglichkeitsprüfung in die deutsche Verwaltungsrechtsordnung und insbesondere in die Regelung der immissionsschutzrechtlichen Anlagengenehmigung (§§ 4 ff. BImSchG) implantiert werden konnte, zunächst verkannt worden. Im nachhinein begann dann die Erkenntnis zu dämmern, daß die UPV-Richtlinie an die divergierenden verwaltungsrechtlichen Grundvorstellungen rührt und ohne deren Beachtung weder verstanden noch sinnvoll umgesetzt werden kann. Dies erklärt den schleppenden Umsetzungsprozeß und die quälende, typisch deutsche „UVP-Diskussion"[194], die deshalb

---

[192] In diesem Sinne offenbar *Cupei* (Fn. 186), S. 236 und 238; *ders.*, WiVerw. 1985, S. 63 (84); *ders.*, in: Rengeling (Fn. 4), S. 41 ff.

[193] Vgl. die rechtsvergleichende Darstellung bei *Bothe/Gündling* (Fn. 114), S. 101 ff. (USA), 136 ff. (Frankreich); auch die übrigen Nachweise oben in den Fn. 187 und 188; zu den unterschiedlichen verwaltungsrechtlichen Grundvorstellungen der gesetzlichen Verrechtlichung und der gerichtlichen Kontrolle in ausgewählten europäischen Staaten namentlich die Beiträge in: Schwarze/Schmidt-Aßmann (Fn. 114).

[194] Vgl. die Nachweise in Fn. 58, 184, 185 und 186.

jedoch nicht mit leichter Geste der Selbstironie abgetan werden darf. Das tiefere Implantationsproblem ist auch gegenwärtig keineswegs gelöst.

Die hervorgetretene Divergenz läßt sich auf einen kurzen Nenner bringen. Er erschließt sich am leichtesten, wenn man zunächst die UVP-Richtlinie analysiert. Strukturell betrachtet maximiert sie den Prüfrahmen, indem sie – ebenso wie das US-amerikanische und das französische Vorbild – umfassende und medienübergreifende Untersuchungen und Bewertungen verlangt sowie ganzheitliche und integrierte Ziele setzt. Zugleich minimiert sie die materielle Inpflichtnahme der Verwaltung, indem sie sich auf das Gebot der Berücksichtigung eingeholter Angaben beschränkt. Beides steht in einem untrennbaren Zusammenhang miteinander. Der maximierte Prüfrahmen entzieht sich einer Verrechtlichung im Sinne des juristischen Subsumtionsmodells. Die erd- und menschheitsgeschichtliche Komplexität der ökologischen, geistes- und naturwissenschaftlich bedingten sowie technisch und industriell herbeigeführten Existenzkrise läßt sich ebensowenig in ein deduktives Wenn-Dann-Schema pressen, wie sie sich durch technokratische Patentlösungen oder einen schlichten „Ausstieg" bewältigen läßt[195]. Die auf absehbare Zeit, wenn nicht sogar auf Dauer unaufklärbare Ungewißheit in zentralen Schlüsselfragen der krisenhaften Entwicklung schließt einzig richtige und im Kern justitiable, also juristisch deduzierbare Entscheidungen aus. Die Leitidee der supranationalen UVP-Richtlinie sowie ihrer nationalen Vorbilder besteht mithin in der finalen Programmierung administrativer, im Kern politisch zu verantwortender Abwägungs- und Gestaltungsentscheidungen. Von Rechts wegen sind diese nur in bestimmte Verfahrensbahnen verwiesen und an tatsächliche Angaben, Ermittlungen und Beschreibungen sowie an juristisch offene Gebote der Bewertung und Berücksichtigung gebunden.

Dagegen ist die immissionsschutzrechtliche Anlagengenehmigung im deutschen Recht nach wie vor als gesetzlich gebundener, zumindest prinzipiell justitiabler Gestattungsakt ausgestaltet (§ 6 i.V.m. § 5 BImSchG). Darin liegt eine strukturelle Grundentscheidung, die zwar auch innerhalb der deutschen Rechtsordnung infolge der immer anspruchsvolleren Schutz- und Vorsorgeanforderungen nur noch mit Mühe durchgehalten werden kann[196], jedoch als geltendes Recht ernstzu-

---

[195] Vgl. *Breuer*, in: Wenz/Issing/Hofmann (Fn. 112), S. 21 ff.; *ders.*, Gutachten B für den 59. Deutschen Juristentag (Fn. 112), B 37 ff.

[196] Grundlegend *Murswiek*, Die staatliche Verantwortung für die Risiken der Technik, 1985, S. 288 ff., insbesondere S. 343 ff. (Immissionsvorbelastung und Luftbewirtschaftung); *Trute*, Vorsorgestrukturen und Luftreinhalteplanung im Bundesimmissionsschutzgesetz, 1989; vgl. auch *Breuer*, in: v. Münch/Schmidt-Aßmann (Fn. 169), Rdn. 172 ff.

nehmen ist und zu der Leitidee der UVP-Richtlinie in einem unbewältig-
ten Spannungsverhältnis steht. Die rechtsbegriffliche Festlegung von tat-
bestandlichen Genehmigungsvoraussetzungen stellt eine normative
„Reduktion von Komplexität"[197] dar. Insbesondere kann die Entscheidung über die Genehmigung umweltrelevanter Großvorhaben nur
dadurch verrechtlicht und justiabel gemacht werden, daß der Gesetzgeber aus der Fülle des komplexen, in mancherlei Hinsicht ungewissen
Tatsachenstoffs bestimmte Umstände herausgreift und rechtsbegrifflich
konkretisiert, somit „absolute" und strikte Anforderungen aufstellt und
das Wenn-Dann-Schema für eine juristische Subsumtion konstruiert. Die
Verrechtlichung läßt sich mithin nur um den Preis einer sachlichen
Verengung des Prüfrahmens erreichen, indem der Gesetzgeber die maßgebenden Themen und Ziele selektiv und verbindlich vorgibt. Damit son-
dert er notwendigerweise die rechtlich erheblichen Umstände von den
unerheblichen sowie die rechtsverbindlichen Anforderungen von unver-
bindlichen Wünschbarkeiten ab. Eben diesen Weg hat der deutsche
Gesetzgeber bei der Regelung der immissionsschutzrechtlichen Anlagengenehmigung beschritten und in den letzten Jahren vervollkommnet[198].
Mit den rechtsbegrifflichen Genehmigungsvoraussetzungen sucht er einen
harten, unabdingbaren Kern der Schutz- und Vorsorgeanforderungen,
aber auch die Rechtssicherheit im Interesse des Unternehmers wie der
Umweltnachbarn zu gewährleisten. Insoweit wird im beiderseitigen
Interesse die Verwaltungsmacht strikt begrenzt. Der sachliche Prüfrahmen wird hierdurch zwar keineswegs minimiert, aber auch nicht maximiert, sondern angesichts der Komplexität des Tatsachenstoffes reduziert.
Damit korrespondiert die volle materielle Inpflichtnahme der Verwaltung, soweit die rechtsbegriffliche Festlegung der Genehmigungsvoraussetzungen reicht. Da diese durch § 5 BImSchG, ergänzende Rechtsverordnungen gemäß den §§ 7, 48 a BImSchG und normkonkretisierende Verwaltungsvorschriften gemäß § 48 BImSchG während der letzten Jahre
mehrfach verschärft und die materiellrechtlichen Anforderungen an die
Errichtung und den Betrieb genehmigungsbedürftiger Anlagen immer
anspruchsvoller gestaltet worden sind[199], kann man von einer Maximierung der materiellen Inpflichtnahme sprechen. Auch hier steht beides in
einem untrennbaren Zusammenhang miteinander: die Reduktion des
Prüfrahmens und die Maximierung der materiellen Bindung.

---

[197] Begriffsbildung von *Luhmann*, Rechtssoziologie, 3. Aufl. 1987, S. 212 ff.
[198] Vgl. die Nachweise oben in Fn. 34, 35 und 53; auch *Breuer*, in: v. Münch/
Schmidt-Aßmann (Fn. 169), Rdn. 172 ff; *ders.* (Fn. 114), S. 169 ff.; *Sellner*, Immissionsschutzrecht und Industrieanlagen, 2. Aufl. 1988, Rdn. 21 ff.
[199] Vgl. im einzelnen die Nachweise in den Fn. 34, 35, 53 und 198.

Stellt man allein die Regelungskonzepte der UVP-Richtlinie und der §§ 4 ff. BImSchG einander gegenüber, so entspricht das deutsche Recht nicht dem maximierten, nämlich umfassenden und medienübergreifenden Prüfrahmen sowie der ganzheitlichen und integrierten Zielsetzung der Richtlinie. Die Regelung der §§ 5 und 6 BImSchG scheint mithin die europarechtlichen Anforderungen zu verfehlen. Diese Schlußfolgerung schwebt als Damokles-Schwert über der immissionsschutzrechtlichen Anlagengenehmigung, seit die Erkenntnis der hervorgehobenen Divergenz zwischen der deutschen und der supranationalen Rechtsordnung zu dämmern begann[200]. Daß sich das Problembewußtsein insofern erst nach der Verabschiedung und dem Inkrafttreten der UVP-Richtlinie eingestellt hat, wirft ein bezeichnendes Licht auf die Koordinationsmängel im Verhältnis zwischen nationalem und supranationalem Recht.

Stein des europarechtlichen Anstoßes ist bereits die Reduktion des Prüfrahmens, die nach deutschem Recht durch die normative Struktur der gebundenen Anlagengenehmigung und die rechtsbegriffliche Konkretisierung der Genehmigungsvoraussetzungen vorgegeben ist[201]. Darüber hinaus wird der gesetzlich festgelegte Prüfrahmen durch die begrenzte Konzentrationswirkung der Anlagengenehmigung nach § 13 BImSchG thematisch zwar grundsätzlich auf außer-immissionsschutzrechtliche Gestattungsvorbehalte und Belange erstreckt, zugleich jedoch durch Ausnahmen reduziert. So bleiben neben der immissionsschutzrechtlichen Anlagengenehmigung die nach sonstigem Umwelt- oder Raumplanungsrecht vorgeschriebenen Planfeststellungen, Zulassungen bergrechtlicher Betriebspläne, verwaltungsinterne Zustimmungen nach sonstigem Recht, behördliche Entscheidungen aufgrund atomrechtlicher Vorschriften, grundsätzlich auch wasserbehördliche Entscheidungen sowie die Investitionskontrolle nach § 4 des Energiewirtschaftsgesetzes erforderlich. Bei sinngerechter Gesetzesauslegung sind die Belange, denen die zuletzt genannten Gestattungsvorbehalte dienen, juristisch verselbständigt und somit, jedenfalls im Kern und in der Regel, formellrechtlich aus dem Zuständigkeitsbereich der Anlagengenehmigungsbehörde ausgeschieden. Zugleich werden sie auch materiell aus dem Prüfrahmen der immissions-

---

[200] Vgl. *Cupei* (Fn. 186), S. 262 ff.; *Jarass*, Die Umweltverträglichkeitsprüfung bei Industrievorhaben, 1987; *Bunge*, DVBl. 1987, S. 824; *Hoppe/Püchel*, DVBl. 1988, S. 1 ff.; *Püchel*, ZAU 1988, S. 121 (125 f., 131); *ders.* (Fn. 189), S. 100 ff.; Rat von Sachverständigen für Umweltfragen, DVBl. 1988, S. 21 (23 f.).

[201] Vgl. außer den Nachweisen in Fn. 200 auch *Breuer*, Verwaltungsrechtliche Prinzipien (Fn. 112), S. 21 ff., 36 f.; ferner die w. N. oben in Fn. 58, 185 und 186.

schutzrechtlichen Anlagengenehmigung ausgeklammert[202]. Bedenken knüpfen sich schließlich daran, daß die UVP-Richtlinie – auf der Grundlage des maximierten Prüfrahmens – unter den geforderten Angaben „gegebenenfalls" eine „Übersicht über die wichtigsten anderweitigen vom Projektträger geprüften Lösungsmöglichkeiten" und eine Angabe der wesentlichen Auswahlgründe im Hinblick auf die Umweltauswirkungen verlangt[203]. Hierdurch soll ein weitgespannter Alternativenvergleich eröffnet werden, der insbesondere in der US-amerikanischen Lehre und der internationalen Debatte als „Herzstück der Umweltverträglichkeitsprüfung" gilt[204]. Ein solcher Alternativenvergleich schließt die Bewertung sowie die bilanzierende Berücksichtigung aller erkennbaren Gesichtspunkte raumordnerischer, ressourcenökonomischer, ökologischer und technologischer Art ein. Er ist daher nur auf der planerischen Ebene einer umfassenden Abwägungs- und Gestaltungsentscheidung durchführbar. Eine gebundene Anlagengenehmigung mit der bloßen Funktion einer rechtlichen Unbedenklichkeitserklärung stellt hingegen keine taugliche Basis für den angestrebten Alternativenvergleich dar. Dessen ganzheitlicher und integrierter Aufgabenhorizont läßt sich nicht in die Enge rechtsbegrifflicher Genehmigungsvoraussetzungen sowie einer juristischen Subsumtion einspannen.

Angesichts der europarechtlichen, allzu spät erkannten Anforderungen hat sich im Zuge der deutschen Umsetzungsdiskussion namentlich der Rat von Sachverständigen für Umweltfragen[205] zu der Auffassung bekannt, daß die UVP-Richtlinie eine gesetzliche Novellierung der immissionsschutzrechtlichen Genehmigungsvoraussetzungen verlange. In diesem Sinne hat der Sachverständigenrat darauf hingewiesen, daß der Grundsatz möglichst weitgehender, optimaler Umsetzung eine Umwelt-

---

[202] Beispielhaft sei auf die rechtliche Behandlung des nach den §§ 4 ff. BImSchG genehmigungspflichtigen Kühlturms eines im übrigen nach § 7 AtomG genehmigungspflichtigen Kernkraftwerks hingewiesen; vgl. dazu BVerwG, Urt. v. 19. 12. 1985, E 72, S. 300 (328 ff.); OVG Koblenz, Beschl. v. 6. 10. 1986, NVwZ 1987, S. 73 (74) und Beschl. v. 6. 11. 1986, NVwZ 1987, S. 246; *Weides*, NVwZ 1987, S. 200 ff.; allgemein zur Problematik paralleler Gestattungsverfahren *Jarass*, DÖV 1978, S. 21 ff.; *ders.*, Konkurrenz, Konzentration und Bindungswirkung von Genehmigungen, 1984; *Wagner*, Die Genehmigung umweltrelevanter Vorhaben in parallelen und konzentrierten Verfahren, 1987; *Erbguth*, Rechtssystematische Grundfragen des Umweltrechts, 1987, S. 166 ff.; zum Verhältnis zwischen Anlagengenehmigung und wasserrechtlicher Erlaubnis *Breuer* (Fn. 22), Rdn. 91 ff.

[203] Richtlinie 85/337/EWG, ABl. EG Nr. L 175/40, Anhang III Ziffer 2 zu Art. 5 Abs. 1.

[204] Vgl. *Kennedy*, ZfU 1984, S. 343; *Schneider*, Die Einführung der Umweltverträglichkeitsprüfung auf internationaler Ebene, 1984, S. 114, 125, 155; *Jarass* (Fn. 200), S. 43; jeweils m. w. N.

[205] DVBl. 1988, S. 21 (24).

verträglichkeitsprüfung erfordere, „die für alle Umweltauswirkungen
eines Vorhabens eine gesamthaft-medienübergreifende und dabei ausgewogene und gleichwertige Ermittlung, Bewertung und Berücksichtigung
gestattet". Dies sei „wohl nur mit einer wirklichen Tatbestandserweite-
rung des Bundes-Immissionsschutzgesetzes und nicht dadurch zu erreichen, daß man die UVP als bloßen Annex zum Genehmigungsverfahren
regelt".

Trotz dieser vielbeachteten Stellungnahme und übereinstimmender
Äußerungen aus der rechtswissenschaftlichen Sphäre[206] ist der Gesetzgeber dem Appell des Sachverständigenrates nicht gefolgt. Offenkundig
waren die Bundesregierung und die parlamentarische Mehrheit nicht
bereit, die strukturelle Grundentscheidung für die gebundene immissionsschutzrechtliche Anlagengenehmigung zu revidieren. Ebenso deutlich
ließen die deutsche Umsetzungsdiskussion, das langwierige Gesetzge-
bungsverfahren und die Haltung des Gesetzgebers erkennen, daß die
Bundesregierung mit ihrer vorangegangenen Zustimmung zu der UVP-
Richtlinie keineswegs das Konzept der gebundenen Anlagengenehmigung
hatte opfern wollen, jedoch infolge einer anfänglichen Verkennung der
normativen Zusammenhänge in eine gemeinschaftsrechtliche Zwangslage
geraten war. Hierdurch sah sich auch der parlamentarische Gesetzgeber
einem ungewollten supranationalen Zwang ausgesetzt. Bekanntlich hat
der deutsche Gesetzgeber schließlich die UVP-Richtlinie in der Weise
umgesetzt, daß er ein querschnittartig angelegtes „Stammgesetz", das
Gesetz über die Umweltverträglichkeitsprüfung, mit einem „Artikelge-
setz" verbunden hat, das die für notwendig erachteten Änderungen
sektoraler Gesetze und Verordnungen enthält[207]. Was die immissionsschutzrechtliche Anlagengenehmigung betrifft, so sind hierdurch auf der
parlamentsgesetzlichen Stufe lediglich die verfahrensrechtlichen Vorschriften (§ 10 Abs. 3 Satz 2 und 3 sowie Abs. 4 Nr. 2 BImSchG) und die
verfahrensbezogene Verordnungsermächtigung (§ 10 Abs. 10 BImSchG)
geändert worden. Auf der verordnungsrechtlichen Stufe ist anschließend
die 9. Verordnung zur Durchführung des Bundes-Immissionsschutzgesetzes (9. BImSchV) novelliert worden[208].

Dieses Vorgehen deutet auf den Versuch einer rein verfahrensrechtlichen Umsetzung der UVP-Richtlinie hin. Es birgt ein europarechtliches
Risiko in sich, da es die materiellrechtliche Spannungslage zwischen

---

[206] So namentlich *Jarass* (Fn. 200), S. 14 ff.; *Püchel* (Fn. 189), S. 105 ff.

[207] Zur Wahl der Form des Artikelgesetzes i. V. m. dem Stammgesetz: amtliche Begründung der Bundesregierung, BT-Drucks. 11/3919, S. 15.

[208] Verordnung vom 20. 3. 1992, BGBl. I S. 536; danach Neubekanntmachung
der 9. BImSchV vom 29. 5. 1992, BGBl. I S. 1001; in Kraft getreten am 1. 6. 1992.

nationalem und supranationalem Recht nicht auflöst. Vielmehr sind in materieller Hinsicht die rechtsbegrifflichen Genehmigungsvoraussetzungen der §§ 5 und 6 BImSchG als solche unverändert geblieben. In das „Stammgesetz" ist eine sibyllinische Formulierung aufgenommen worden, die den Umfang des Prüfrahmens zwischen dem maximierten Berücksichtigungsgebot der UVP-Richtlinie und den reduzierten rechtsbegrifflichen Anforderungen der §§ 5 und 6 BImSchG verbal in der Schwebe hält. Die zuständige Behörde bewertet demzufolge die Umweltauswirkungen des Vorhabens auf der Grundlage der zusammenfassenden Bewertung nach § 11 UVPG und berücksichtigt diese Bewertung bei der Entscheidung über die Zulässigkeit des Vorhabens im Hinblick auf eine wirksame Umweltvorsorge im Sinne der §§ 1, 2 Abs. 1 Satz 2 und 4 UVPG nach Maßgabe der geltenden Gesetze (§ 12 UVPG). Ob damit kraft der umfassenden, medienübergreifenden Anforderungen an die Bewertung der Umweltauswirkungen der maximierte, europarechtlich vorgezeichnete Prüfrahmen oder „nach Maßgabe der geltenden Gesetze" nach wie vor der fachgesetzliche Prüfrahmen insbesondere des deutschen Immissionsschutzrechts maßgebend ist, wird unterschiedlich beurteilt[209]. Der juristische Dissens ist die unausweichliche Folge des dilatorischen Formelkompromisses. Der hiermit verbundene, vorerst nur latent schwelende Konflikt mit dem supranationalen Recht der UVP-Richtlinie erscheint außerordentlich mißlich, zumal er jederzeit zu offenem Ausbruch gelangen und in einen aktuen Rechtsstreit übergehen kann.

Dieser Befund bedeutet nicht, daß die Spannungslage nur einseitig und radikal im Sinne der gemeinschaftsrechtlich rezipierten Leitidee administrativer, im Kern politisch zu verantwortender Abwägungs- und Gestaltungsentscheidungen aufgelöst werden könnte. Voreilig wäre die Folgerung, die UVP-Richtlinie verlange, daß alle EG-Mitgliedstaaten die verwaltungsrechtliche Zulassungsordnung für umweltrelevante Großvorhaben auf formellrechtliche Anforderungen und eine finale Programmierung der Genehmigungsentscheidungen beschränken und die Intensität der materiellrechtlichen Bindung entsprechend vermindern müßten, um den umfassenden Prüfrahmen und die integrale Zielsetzung der Umweltverträglichkeit aufrechtzuerhalten[210]. Für den Rechtschutz wäre hiermit eine

---

[209] Im ersteren Sinne *Steinberg*, DVBl. 1990, S. 1369 (1370 ff.); *Soell/Dirnberger*, NVwZ 1990, S. 705 (708 ff.); *Bohne*, ZAU 1990, S. 341 (345 ff.); im letzteren Sinne *Erbguth/Schink* (Fn. 184), § 12 Rdn. 6 ff.; *ders.*, DVBl. 1991, S. 413 (417 ff.); *Ziegler*, NJW 1991, S. 409; *Gallas*, UPR 1991, S. 214 (218).

[210] In diesem Sinne indessen *Bunge* (Fn. 186), S. 35, 55 ff.; ferner, allerdings vorsichtiger, *ders.*, DVBl. 1987, S. 824; dagegen auch *Cupei* (Fn. 186), S. 265 f.; *Jarass* (Fn. 200), S. 91 f.; grundsätzlich ferner *Hoppe/Püchel*, DVBl. 1988, S. 1 (10 f.).

restriktive Weichenstellung vollzogen; denn die gerichtliche Kontrolle von Genehmigungsentscheidungen wäre in materieller Hinsicht insgesamt auf Zielsetzungs- und Abwägungsfehler beschränkt. Jedenfalls sollte nicht vorschnell das im deutschen Immissionsschutzrecht bewährte Konzept der gebundenen Anlagengenehmigung preisgegeben werden, zumal es einerseits eine beachtliche, auf die Gewerbeordnung zurückführende Tradition aufweist[211] und andererseits erwiesenermaßen geeignet ist, verschärften Umweltschutz strikt und gleichmäßig durchzusetzen[212]. Vielmehr sollte man nach tragfähigen Kompromissen suchen, um die Kluft zwischen den divergierenden Konzepten einer Zulassungsordnung für umweltrelevante Großvorhaben zu überbrükken. Aus rechtswissenschaftlicher Sicht wird man sich zudem nicht mit der Erkenntnis begnügen dürfen, daß die Verabschiedung der UVP-Richtlinie von mangelndem Problembewußtsein begleitet war und das deutsche „UVP-Stammgesetz" in materiellrechtlicher Hinsicht an einem dilatorischen Formelkompromiß krankt, da es die zugrundeliegende Divergenz verbal überdeckt (§ 12 UVPG), statt sie durch eine offene und konstruktive Lösung zu überwinden. Je weniger die aufgedeckte Spannungslage bewältigt ist, desto unsicherer erscheint auf der supranationalen Ebene die Beurteilung, ob die deutsche Umsetzung der UVP-Richtlinie den Anforderungen des Gemeinschaftsrechts genügt. Auch insoweit ist eine „Vogel-Strauß-Politik" nicht hilfreich, sondern gefährlich.

So wird man es im Sinne einer kompromißhaften, aber offenen und konstruktiven Lösung als europarechtskonform ansehen müssen, wenn die nationale Umsetzung den Anforderungen der UVP-Richtlinie hinsichtlich des umfassenden Prüfrahmens, der integralen Zielsetzung sowie des Alternativenvergleichs in der Weise nachkommt, daß der gebundenen Anlagengenehmigung eine planerische Entscheidungsstufe vorgeschaltet und dort eine Umweltverträglichkeitsprüfung nach Maßgabe administrativer Abwägung und Gestaltung vorgeschrieben wird. Als Rechtsform einer solchen Entscheidungsstufe kommt – wie bereits früher dargelegt[213] – eine Standortvorsorgeplanung für bestimmte Arten umweltrelevanter

---

[211] So *Jarass* (Fn. 200), S. 91 f.

[212] Zur klassisch-gesetzlichen (im Gegensatz zur planerischen) Systemvariante des Vorsorgeprinzips und zu ihrer Verwirklichung insbesondere durch den immissionsschutzrechtlichen Vorsorgegrundsatz (§ 5 Abs. 1 Nr. 2 BImSchG) *Breuer*, in: v. Münch/Schmidt-Aßmann (Fn. 169), Rdn. 7 ff., 183 ff.; vgl. im übrigen die Nachweise oben in Fn. 34, 35, 53 und 198.

[213] *Breuer*, Verwaltungsrechtliche Prinzipien (Fn. 112), S. 37.

Großvorhaben[214], eine projektbezogene „Standortvorentscheidung"[215] oder ein projektbezogenes Raumordnungsverfahren[216] in Betracht. Des weiteren ist zu erwägen, ob die gebundene Anlagengenehmigung dadurch gewahrt und zugleich den materiellen Anforderungen der UVP-Richtlinie angepaßt werden kann, daß den verengten, konkretisierten und bindungsstarken Genehmigungsvoraussetzungen des geltenden deutschen Rechts (insbesondere nach den §§ 5 und 6 BImSchG) ein umfassendes, medienübergreifendes und integrales, aber flexibles Postulat der Umweltverträglichkeit beigefügt wird. Es dürfte im Rahmen der rechtsbegrifflich-tatbestandlichen Bindung nicht mit dem Anspruch einer positiven, optimierenden und deshalb systemsprengenden Festlegung formuliert sein. Vielmehr müßte es in ein bloßes Ermittlungs-, Bewertungs- und Abwägungsgebot gekleidet und mit einer negativen, ausgrenzenden Abwehrformel verbunden werden. Diese könnte in dem Sinne abgefaßt sein, daß ein Vorhaben der fraglichen Art nicht genehmigt werden darf, wenn seine gesamten, medienübergreifenden Umweltauswirkungen wegen mangelnder Prüfung oder Berücksichtigung unvertretbar sind, das betreffende Vorhaben also objektiv rücksichtslos und deshalb umweltunverträglich ist[217].

Indessen wird man nicht den Blick dafür verlieren dürfen, daß alle diese Kompromißlösungen letztlich auf eine Gratwanderung hinauslaufen. Geht man von der UVP-Richtlinie aus, so verbleibt der gebundenen Anlagengenehmigung nur ein schmaler Steg zwischen der rechtsbegriffli-

---

[214] Zu früheren Bemühungen um eine solche Standortvorsorgeplanung *Blümel*, DVBl. 1977, S. 301 ff; *Brocke*, Rechtsfragen der landesplanerischen Standortvorsorge für umweltbelastende Großanlagen, 1979, S. 38 ff.; *Wahl*, DÖV 1981, S. 587 (600 ff.).

[215] So *Hoppe/Püchel*, DVBl. 1988, S. 10, wobei allerdings die gesetzliche, in formell- und materiell-rechtlicher Hinsicht erforderliche Ausgestaltung der „Standortvorentscheidung", deren Rechtscharakter und die davon abhängigen Möglichkeiten des Rechtsschutzes offengeblieben sind.

[216] Demgemäß wurde durch § 6 a ROG i. d. F. des Gesetzes vom 11. 7. 1989 (BGBl. I S. 1417; danach Neubekanntmachung des ROG vom 19. 7. 1989, BGBl. I S. 1461) die Umweltverträglichkeitsprüfung im Raumordnungsverfahren bundesrechtlich eingeführt; sie ist jedoch durch § 6 a ROG i. d. F. des Investitionserleichterungs- und Wohnbaulandgesetzes vom 22. 4. 1993 (BGBl. I S. 466) wieder entfallen. Entsprechende Regelungen der Länder gelten aber fort (amtliche Begründung, BT-Drucks. 12/3944, S. 49), z. B. § 13 LPLG Baden-Württemberg, § 17 Vorschaltgesetz zum LPLG und LEP für das Land Brandenburg, § 17 LPLG Mecklenburg-Vorpommern, § 14 LPLG Sachsen, § 13 Vorschaltgesetz zum LPLG Sachsen-Anhalt, § 14 LPLG Schleswig-Holstein, § 17 LPLG Thüringen. Vgl. zur rechtlichen Problematik *Wahl*, in: Festschrift für Horst Sendler, 1991, S. 199 ff. („Raumordnungsverfahren am Scheideweg").

[217] So *Breuer*, Gutachten für den 59. Deutschen Juristentag (Fn. 112), B 100 ff. (B 103).

chen Formulierbarkeit und Justitiabilität und den Anforderungen der Europarechtskonformität. Zugleich bestätigt die systematische Analyse den längst entstandenen Eindruck, daß die UVP-Richtlinie und die deutsche Gesetzgebung zur Umsetzung dieser Richtlinie mehr Fragen aufwerfen als Antworten geben[218]. Angesichts der besorgten Grundfrage, ob das anspruchsvolle Ziel der Umweltverträglichkeitsprüfung so erreicht werden kann, ist Skepsis angebracht. Die insofern von der supranationalen Ebene her verbreitete Euphorie scheint längst verflogen. Verfahrens- oder Instrumentenrichtlinien mit Querschnittcharakter werfen eben strukturelle Implantationsprobleme auf, die durch die unterschiedlichen Verwaltungsrechtsordnungen der Mitgliedstaaten bedingt sind. Das Dilemma der UVP-Richtlinie und ihrer Umsetzung zeigt, daß die supranationale Rechtsvereinheitlichung weder überzeugend noch erfolgreich auftritt, wenn sie in isolierten, technokratisch konzipierten Aktionen voranschreitet und dabei die vorgefundenen Strukturunterschiede der nationalen Verwaltungsrechtsordnungen ignoriert. So betrachtet, ist die verworren anmutende Kontroverse um die Umweltverträglichkeitsprüfung kein Zufall, sondern ein aufschlußreiches Beispiel, das künftig zur Vorsicht mahnen sollte.

Wie wenig die anfängliche Euphorie begründet war, erweist sich auch in denjenigen Mitgliedstaaten, deren Verwaltungsrechtsordnungen – kongenial mit der UVP-Richtlinie – der Leitidee folgen, daß die Zulassung umweltrelevanter Großvorhaben im Einzelfall einer administrativen Abwägungs- und Gestaltungsentscheidung überantwortet sein sollte. Die Umsetzung der UVP-Richtlinie hat dort offenbar keine nennenswerten Probleme bereitet. Auf die Frage nach der Effizienz der Umweltverträglichkeitsprüfung kann man jedoch in diesen Staaten kaum eine günstigere Antwort finden. Der kongeniale Regelungsansatz und die unproblematische Umsetzungslage führen weder rechtlich noch tatsächlich näher an das Ziel der Umweltverträglichkeit heran, sofern dabei übereinstimmende Defizite des nationalen und des supranationalen Rechts gepflegt und verfestigt werden.

Symptomatisch erscheint die Rechtslage in *Frankreich*, wo die Umweltverträglichkeitsprüfung – wie erwähnt – bereits durch das Naturschutzgesetz vom 10. Juli 1976[219] vorgeschrieben worden ist und durch ein Dekret des Conseil d'État vom 12. Oktober 1977[220] eine nähere Regelung gefun-

---

[218] So *Gusy* (Fn. 58).

[219] Loi 76-629, 10 juillet 1976, relative à la protection de la nature (oben Fn. 188).

[220] Décret 77-1141, 12 octobre 1977, pris pour l'application de l'article 2 de la Loi no 76-629 du 10 juillet 1976, relative à la protection de la nature; abgedruckt in: Code Permanent (Fn. 188), S. 1736 P 10 ff.

den hat. Dabei wurde die Umweltverträglichkeitsprüfung in die bestehenden Verfahren integriert. Insgesamt wird ihr ein „wenig prozeßhafter Charakter" attestiert[221]. In einer rechtsvergleichenden, im Auftrage des Umweltbundesamtes erstellten Studie[222] wird festgestellt, daß in Frankreich die Kontrolle der vom Projektträger durchzuführenden Umweltverträglichkeitsprüfung „als einer der ganz großen Schwachpunkte" angesehen wird. So wird darauf verwiesen, daß die Kotrolle in der überwiegenden Zahl der Fälle ausschließlich durch die zuständige Behörde erfolgt. In materiellrechtlicher Hinsicht gelangt die Studie[223] unter Hinweis auf den traditionell weiten Ermessensspielraum der französischen Genehmigungsbehörden zu einem ernüchternden Befund: Es liege im Ermessen der Genehmigungsbehörde, welche Schlußfolgerungen sie aus der vorgelegten Umweltverträglichkeitsprüfung ziehe. Diese habe keine bindende Wirkung für die Entscheidung der zuständigen Behörde. Da die UVP-Richtlinie der Europäischen Gemeinschaften indessen nur fordere, daß die entscheidende Stelle die Umweltverträglichkeitserklärung und ergänzende Angaben zu berücksichtigen (Art. 8 UVP-Richtlinie) und nach Maßgabe des nationalen Rechts die entscheidungserheblichen Gründe und Erwägungen der Öffentlichkeit zu erläutern habe (Art. 9 UVP-Richtlinie), sei die französische Regelung europarechtskonform. Wird eine erteilte Genehmigung angefochten, prüfen die französischen Verwaltungsgerichte zwar, ob eine gebotene Umweltverträglichkeitsprüfung fehlt oder unangemessen ist. Der Tradition und dem Gesamtbild der französischen Verwaltungsgerichtsbarkeit entsprechend[224], beschränken sich die Gerichte dabei jedoch vornehmlich auf eine formale Kontrolle. Sie sehen es demgemäß als ausreichend an, wenn die Umweltverträglichkeitsprüfung alle wesentlichen Aspekte des Vorhabens anspricht und diese in einer nicht offensichtlich oberflächlichen oder ungenügenden Weise erörtert[225]. Vergegenwärtigt man sich die derart minimalisierte Bedeutung der Umweltverträglichkeitsprüfung im französischen Recht, so verwundert es nicht, wenn die Umsetzung der UVP-Richtlinie in staatliches Recht in Frankreich – anders als in der Bundesrepublik Deutschland – kein Konflikte ausgelöst hat[226]. Während die deutsche

---

[221] So *Coenen/Jörissen* (Fn. 114), S. 89 ff. (91), 99.

[222] *Coenen/Jörissen* (Fn. 188), S. 110.

[223] *Coenen/Jörissen* (Fn. 188), S. 113 f.

[224] Eingehend dazu *Schlette*, Die verwaltungsgerichtliche Kontrolle von Ermessensakten in Frankreich, 1991; *Hélin*, in: Schwarze/Schmidt-Aßmann (Fn. 114), S. 63 ff.; vgl. auch *Breuer* (Fn. 114), S. 187 f., 192; *Coenen/Jörissen* (Fn. 188), S. 116.

[225] *Coenen/Jörissen*, ebda.

[226] Vgl. *Coenen/Jörissen* (Fn. 188), S. 98, 104.

Umsetzungsdiskussion zu einer unendlichen Geschichte quälender juristischer Zweifel und der Einklang des deutschen Rechts mit der UVP-Richtlinie zu einem Dauerproblem geworden ist, gehen im System des französischen Verwaltungsermessen die Erfordernisse der Umweltverträglichkeitsprüfung fast folgenlos unter. Deutlicher läßt sich die Divergenz der Umsetzungslagen kaum illustrieren.

Sieht man sich nach positiveren Erfahrungen um, so fällt der Blick auf das Beispiel der *Niederlande*. Deren Gesetz über die Umweltverträglichkeitsprüfung (Wet Milieu-Effectrapportage) vom 23. April 1986[227] ist ebenfalls durch das US-amerikanische Vorbild des Environmental Impact Assessment angeregt, im übrigen aber durch eigene niederländische Untersuchungen und Beratungen vorbereitet worden[228]. Es steht konzeptionell mit der UVP-Richtlinie der Europäischen Gemeinschaften in Einklang und hat die Richtlinie auf staatlicher Ebene antizipiert. Umgekehrt haben die Niederlande die Richtlinie auf der Gemeinschaftsebene initiiert, gefördert und maßgeblich beeinflußt[229]. Entstehungsgeschichtlich geht das niederländische Gesetz auf verschiedene Mängelrügen und ein allgemeines Unbehagen gegenüber der vorgefundenen Rechtslage und Verwaltungspraxis zurück. Da diese Kritik vornehmlich die Zersplitterung, Unübersichtlichkeit und Lückenhaftigkeit der vorangegangenen niederländischen Gesetze des Umweltschutzes rügte, wurde die Umweltverträglichkeitsprüfung als Gegenmodell konzipiert[230]. Sie sollte demgemäß als Instrument zur systematischen, medienübergreifenden Erfassung aller potentiellen Umweltauswirkungen eines Vorhabens und seiner Alternativen die Lücken der überkommenen Verfahren schließen und sicherstellen, daß den Umweltbelangen fortan eine angemessene Rolle im Entscheidungsprozeß zukommen konnte[231]. Zugleich sollten die vorgefundenen Verwaltungsverfahren gestrafft und harmonisiert werden[232]. Die erwähnte, im Auftrage des Umweltbundesamtes erstellte Studie[233] stellt bei ihrem Rechtsvergleich lobend fest, daß die „Implementationsstrategie" der Niederlande dem Idealkonzept einer Umweltverträglichkeitsprüfung am nächsten komme. Ihre Kennzeichen werden in einer umfassenden und differenzierten Regelung auf Gesetzesebene, einer früh-

---

[227] Staatsblad (Stb.), S. 211.
[228] Uitbreiding van de Wet Algemene Bepalingen Milieuhygiene (Regelingen met betrekking tot Milieu-effectrapportage), Ontwerp van Wet (Tweede Kamer, Zitting 1980–1981, 16814, Nr. 1–3).
[229] Vgl. *Meiners*, ZfU 1982, S. 257; *Coenen/Jörissen* (Fn. 188), S. 198.
[230] Vgl. *Coenen/Jörissen* (Fn. 188), S. 198 ff.
[231] *Coenen/Jörissen* (Fn. 188), S. 200, 225 ff.
[232] *Coenen/Jörissen* (Fn. 188), S. 200 m. w. N.
[233] *Coenen/Jörissen* (Fn. 188), S. 19, 203 ff., 209 ff., 212 ff., 216 ff., 219 ff.

66

zeitigen und kontinuierlichen Beteiligung anderer Behörden und der Öffentlichkeit, einem förmlichen Scoping-Verfahren, einer angemessenen Betrachtung von Alternativen und einer externen, unabhängigen Überprüfung sowie in einer Nachkontrolle gesehen. Auch nach niederländischem Recht obliegt dem Projektträger die Erarbeitung und Vorlage des „Berichts" über die Umweltauswirkungen (milieu-effectrapport). Für die Durchführung des formalisierten UVP-Verfahrens ist indessen die zuständige Genehmigungsbehörde verantwortlich[234]. Dabei spielt neben der Öffentlichkeitsbeteiligung die Kommentierung und Überprüfung des Berichts durch eine unabhängige Sachverständigenkommission eine zentrale Rolle[235].

Die gerühmte verfahrensrechtliche Qualität der niederländischen Umweltverträglichkeitsprüfung soll nicht in Zweifel gezogen werden. Wie sehr jedoch auch die niederländische Regelung in die vorgefundenen und beibehaltenen Grundstrukturen des nationalen Verwaltungsrechts eingebunden und von der Leitidee administrativer, im Kern politisch zu verantwortender Abwägungs- und Gestaltungsentscheidungen geprägt ist, wird deutlich, wenn man sich die materiellrechtlichen Hintergründe und Rahmenbedingungen vergegenwärtigt. So fällt bereits auf, daß die Sachverständigenkommission nach niederländischem Recht darauf beschränkt ist, die Angemessenheit der vorgenommenen Umweltverträglichkeitsprüfung zu beurteilen. Dagegen hat sie nicht die Umweltverträglichkeit des Vorhabens als solche zu bewerten[236]. Aufschlußreich ist die hierfür gegebene Begründung, daß politische Entscheidungen nicht von den Sachverständigen, sondern von den demokratisch legitimierten Stellen getroffen werden sollten[237]. Damit korrespondiert, daß die Genehmigungsentscheidung nach niederländischem Recht ein Ermessensakt der zuständigen Behörde bleibt[238]. Über die Gewichtung der Umweltbelange im Abwägungsprozeß schweigt sich das niederländische Gesetz aus. In der Regierungsbegründung heißt es lediglich, die Umweltverträglichkeitsprüfung solle gewährleisten, daß dem Schutz der Umwelt künftig eine angemessene Rolle zukomme[239]. Der Rechtsvergleich führt so zu der Feststellung, daß die Behörde bei der Gewichtung der im milieu-effect-

---

[234] *Coenen/Jörissen* (Fn. 188), S. 209.
[235] *Coenen/Jörissen* (Fn. 188), S. 223 ff. m. w. N.
[236] *Coenen/Jörissen* (Fn. 188), S. 225.
[237] Nota houdende het regeringsstandpunt inzake milieu-effectrapportage, 30. 8. 1979, Kamerstukken II, 15715, Nr. 1–2; in englischer Sprache: Ministry of Health and Environmental Protection, Governmental Standpoint on Environmental Assessment, April 1980, S. 17.
[238] *Bunge*, ZfU 1983, S. 391 (410); *Coenen/Jörissen* (Fn. 188), S. 226 f.
[239] Governmental Standpoint (Fn. 237), S. 8.

rapport beschriebenen Auswirkungen des Vorhabens und bei der Abwägung der Umweltbelange gegenüber anderen öffentlichen und privaten Belangen einen weiten Ermessensspielraum hat. Gebundene Anlagengenehmigungen kennt das niederländische Umweltrecht nicht. Diese Feststellung gilt bis heute, und zwar auch nach der eben erfolgten Verabschiedung des neuen niederländischen Umweltschutzgesetzes (Wet Milieubeheer)[240].

Nach alledem wird der kritische, aus grundsätzlichen Überlegungen abgeleitete Befund durch die rechtsvergleichende Betrachtung bestätigt. Als Verfahrens- und Instrumentenrichtlinie mit Querschnittcharakter löst die UVP-Richtlinie in den verschiedenen EG-Mitgliedstaaten eine ganz unterschiedliche Umsetzungslage aus, je nachdem ob das nationale Recht die erfaßten Vorhaben durchweg administrativen Abwägungs- und Gestaltungsentscheidungen unterwirft oder – zumindest teilweise – am Konzept der gebundenen Anlagengenehmigung festhält. Die zuerst genannten Staaten haben es bei der Umsetzung der UVP-Richtlinie leicht. Dies gilt beispielsweise für Frankreich und auch für die Niederlande. Dagegen findet sich das deutsche Recht der gebundenen Anlagengenehmigung in der „UVP-Falle", es sei denn, man läßt dem deutschen Gesetzgeber den Ausweg der angedeuteten Kompromißlösungen[241]. Dies setzt indessen auf der supranationalen Ebene die Bereitschaft voraus, die Blindheit gegenüber den strukturellen Unterschieden der nationalen Verwaltungsrechtsordnungen abzulegen und damit die Angemessenheit der Umsetzung sowie die Gleichmäßigkeit und den Wirklichkeitsbezug der Umsetzungskontrolle zu wahren. Dagegen würde eine abstrakte und schematische, von oben her praktizierte Umsetzungskontrolle gerade im Falle der UVP-Richtlinie die Zusammenhänge der nationalen Rechtsordnungen ignorieren und so die Aufgabe einer kontinuierlichen und iterativen Rechtsvereinheitlichung verfehlen. Dieser Appell richtet sich vor allem an die Adresse des Europäischen Gerichtshofs. Die Zukunft muß zeigen, ob solche Appelle aus den Niederungen des nationalen Verwaltungsrechts den Gerichtshof noch zu erreichen vermögen.

e) Als *fünfter Typ* mit abermals ganz anderen Inhalten verdienen die *Aktionsrichtlinien mit umwelt- oder raumordnungspolitischem Programmcharakter* eine gesonderte Würdigung. Ihre spezifischen Inhalte bringen andersartige Bindungswirkungen und Umsetzungspflichten mit sich, als sie den Standardisierungs-, Ordnungs- und Stoffrichtlinien, aber auch den komplexeren Verfahrens- oder Instrumentenrichtlinien mit

---

[240] Vgl. *van Buuren*, in: UTR (Fn. 1) Bd. 17, 1992, S. 207 (223 f.); auch *Breuer*, ebda., S. 198 f.

[241] Vgl. oben in und bei Fn. 213–217.

Querschnittcharakter eigen sind. Daß solche Aktionsrichtlinien aufgrund ihres umwelt- oder raumordnungspolitischen Programmcharakters auch andere Rechtsprobleme aufwerfen, liegt nahe.

Ein recht junges Beispiel für diesen Regelungstyp bildet die *Richtlinie* vom 21. Mai 1992 *zur Erhaltung der natürlichen Lebensräume sowie der wildlebenden Tiere und Pflanzen*[242]. Ihr ausdrückliches Ziel besteht darin, zur Sicherung der bedrohten Artenvielfalt durch die Erhaltung der natürlichen, sich bisher „unaufhörlich" verschlechternden Lebensräume sowie der wildlebenden, oft grenzüberschreitend bedrohten Tiere und Pflanzen im europäischen Gebiet der Mitgliedstaaten beizutragen (Art. 1 Abs. 1 i. V. m. dem vierten Erwägungsgrund). Dementsprechend weitgesteckt zielen die aufgrund der Richtlinie getroffenen Maßnahmen darauf ab, „einen günstigen Erhaltungszustand der natürlichen Lebensräume und wildlebenden Tier- und Pflanzenarten von gemeinschaftlichem Interesse zu bewahren oder wiederherzustellen" (Art. 1 Abs. 2). Damit ist freilich der Urkonflikt der Raumordnung berührt, was die Richtlinie offen erwähnt, ohne hierfür auf der Stufe der abstrakten Normierung eine Lösung vorzeichnen zu können: Die zu treffenden Maßnahmen „tragen den Anforderungen von Wirtschaft, Gesellschaft und Kultur sowie den regionalen und örtlichen Besonderheiten Rechnung" (Art. 1 Abs. 3). Damit will die Richtlinie „einen Beitrag zu dem allgemeinen Ziel einer nachhaltigen Entwicklung"[243] leisten (dritter Erwägungsgrund).

Den Kern der Richtlinie bildet die programmatische Verpflichtung der Mitgliedstaaten, ein kohärentes europäisches ökologisches Netz besonderer Schutzgebiete mit der Bezeichnung „Natura 2000" zu errichten (Art. 3 Abs. 1). Dieses Netz soll aus Gebieten bestehen, die die natürlichen Lebensraumtypen des Anhangs I sowie die Habitate der Arten des Anhangs II umfassen. Es muß den Fortbestand oder gegebenenfalls die Wiederherstellung eines günstigen Erhaltungszustandes dieser natürlichen Lebensraumtypen und Habitate der Arten in ihrem natürlichen Verbreitungsgebiet gewährleisten. Jeder Mitgliedstaat muß „im Verhältnis" der bezeichneten, in seinem Hoheitsgebiet vorhandenen Lebensraumtypen und Habitate zur Errichtung von „Natura 2000" beitragen und zu diesem Zweck nach näheren Bestimmungen und Kriterien besondere Schutzgebiete ausweisen (Art. 3 Abs. 2 i. V. m. Art. 4 und Anhang III). Anhand der erwähnten Kriterien haben die Mitgliedstaaten in einer ersten Verfahrens-

---

[242] Oben Fn. 57.
[243] Vgl. zu diesem Begriff (in englischer Sprache: sustainable development) aus völkerrechtlicher Sicht im Hinblick auf die Ergebnisse der Konferenz der Vereinigten Nationen über Umwelt und Entwicklung (am 3. bis 14. 6. 1992 in Rio de Janeiro) *Ruffert*, in: UTR (Fn. 1) Bd. 21, 1993, m. w. N.

phase eine nationale Liste von Gebieten vorzulegen, in der die dort vorkommenden natürlichen Lebensraumtypen (gemäß Anhang I) und einheimischen Arten (gemäß Anhang II) aufgeführt sind (Art. 4 Abs. 1). In einer zweiten Verfahrensphase erstellt die Kommission jeweils im Einvernehmen mit den Mitgliedstaaten aus deren Listen den Entwurf einer supranationalen Liste der Gebiete von gemeinschaftlicher Bedeutung; hierbei sind Gebiete mit „prioritären" natürlichen Lebensräumen oder Arten auszuweisen (Art. 4 Abs. 2). Am Ende dieser Phase wird – binnen sechs Jahren nach Bekanntgabe der Richtlinie – die Liste der so ausgewählten und bezeichneten Gebiete von der Kommission festgelegt (Art. 4 Abs. 2, UAbs. 3 und Abs. 3). Der betroffene Mitgliedstaat muß danach ein in der Liste bezeichnetes Gebiet von gemeinschaftlicher Bedeutung „so schnell wie möglich", spätestens aber binnen sechs Jahren, als besonderes Schutzgebiet ausweisen und dabei Prioritäten festlegen (Art. 4 Abs. 4). In Ausnahmefällen kann die Kommission aus eigener Initiative ein Gebiet, das sie „aufgrund von zuverlässigen einschlägigen wissenschaftlichen Daten" für den Fortbestand eines prioritären natürlichen Lebensraumtyps oder für das Überleben einer prioritäten Art als unerläßlich ansieht, das aber nicht in einer nationalen Vorschlagsliste (nach Art. 4 Abs. 1) aufgeführt ist, im Wege eines bilateralen Konzertierungsverfahrens in die supranationale Liste aufnehmen lassen. Scheitert das Konzertierungsverfahren, kann die Kommission erreichen, daß das betreffende Gebiet durch einstimmigen Beschluß des Rates als Gebiet von gemeinschaftlicher Bedeutung ausgewählt wird (Art. 5).

So sehr der sozioökonomisch bedingte Flächenverbrauch, die hiermit verbundene Zerstörung und Bedrohung der natürlichen Lebensräume wildlebender Tiere und Pflanzen sowie der damit zusammenhängende Artenschwund Anlaß zur Besorgnis geben[244] und so sehr man gezielte und koordinierte Gegenmaßnahmen auf nationaler und supranationaler Ebene begrüßen muß, so viele Fragen läßt die skizzierte Aktionsrichtlinie offen. Merkwürdig mutet ihr ausgesprochen „großzügiger" Umgang mit den berührten Kompetenzen und Sachzusammenhängen wie überhaupt mit den staats- und verwaltungsrechtlichen Implikationen der geregelten Maßnahmen an. Von der Sache und von der Zielsetzung der Richtlinie her betrachtet, greift das „kohärente europäische ökologische Netz besonderer Schutzgebiete" mit der Bezeichnung „Natura 2000" tief in die gesamte Raumplanung und Raumordnung der Mitgliedstaaten ein. Auffällig ist auch, daß die Kommission zur administrativen Auswahl und Festlegung

---

[244] Fünftes Aktionsprogramm der EG „Für eine dauerhafte und umweltgerechte Entwicklung" (Fn. 79), S. 52; siehe auch die Erwägungsgründe zu der Richtlinie 92/43/EWG (oben Fn. 57).

bestimmter Schutzgebiete ermächtigt wird, die dann nur noch außenverbindlich auszuweisen sind (Art. 4 Abs. 2 bis 4 der Richtlinie). Gemeinschaftsrechtlich muß hieran die Frage geknüpft werden, auf welche Kompetenzgrundlage diese Befugnis zur supranationalen Raumplanung und Gebietsfestlegung gestützt sein soll. Da es sich hierbei funktional nicht mehr um Rechtsetzung und auch nicht um eine Umsetzungskontrolle gegenüber den mitgliedstaatlichen Behörden[245], sondern um eine eigene Verwaltungstätigkeit der Kommission zum Vollzug der Richtlinie handeln soll, ist die Verwaltungshoheit der Mitgliedstaaten und insbesondere der deutschen Bundesländer betroffen. Das primäre Gemeinschaftsrecht hat indessen den Mitgliedstaaten ihre Verwaltungshoheit grundsätzlich belassen[246]. In diesem Lichte erscheint die reklamierte Kompetenz der Kommission für Akte der supranationalen Raumordnung und Gebietsfestlegung zumindest höchst zweifelhaft. Hinzu kommt aus der Sicht des deutschen Bundesstaates ein problematischer Zentralismus. Auch wenn die bundesstaatliche Kompetenzaufteilung des deutschen Verfassungsrechts die Länder grundsätzlich nicht gegen die Verlagerung ihrer Aufgaben auf die Gemeinschaften schützt[247], bleibt ein rechts- und verfassungspolitisch befremdliches Ergebnis festzustellen: Mit der planerischen Auswahl und Festlegung von Schutzgebieten werden den Gemeinschaftsorganen administrative Handlungsmöglichkeiten zugestanden, die dem Bund nach dem Grundgesetz sowohl auf dem Sachgebiet der Raumordnung als auch im Bereich des Naturschutzes und der Landschaftspflege verwehrt sind[248].

---

[245] Vgl. zu der Unterscheidung zwischen der normativen Umsetzung von EG-Richtlinien in mitgliedstaatliches Recht und der Kontrolle der mitgliedstaatlichen Rechtsanwendung *Breuer*, WiVerw. 1990, S. 97, 113 ff.; auch *Pernice*, NVwZ 1990, S. 414 (423).

[246] Vgl. *Grabitz* (Fn. 63), Art. 189 Rdn. 18, 19; *ders.*, NJW 1989, S. 1776 (1777); *Zuleeg*, Das Recht der Europäischen Gemeinschaften im innerstaatlichen Bereich, 1969, S. 209 ff.; *ders.*, NVwZ 1987, S. 280 (282); *Schwan*, Die deutschen Bundesländer im Entscheidungssystem der Europäischen Gemeinschaften, 1982, S. 168 ff.; *Hilf*, in: Schwarze (Hrsg.), Europäisches Verwaltungsrecht im Werden, 1982, S. 67 (68 f.); *Beutler/Bieber/Pipkorn/Streil*, Die Europäische Gemeinschaft – Rechtsordnung und Politik, 3. Aufl. 1986, S. 75 f., 79 f.; *Weber*, Rechtsfragen der Durchführung des Gemeinschaftsrechts in der Bundesrepublik, 1987, S. 45; *Kössinger*, Die Durchführung des Europäischen Gemeinschaftsrechts im Bundesstaat, 1989, S. 18 ff., 143.

[247] *Grabitz*, EuR 1987, S. 310 ff.; *Weber*, DVBl. 1986, S. 800 ff.; *Borchmann*, DÖV 1988, S. 623 ff.; vgl. neuerdings Art. 23 GG i. d. F. des ÄndG vom 21. 12. 1992, BGBl. I S. 2086.

[248] Zur Raumordnung (Art. 75 Nr. 4 GG) BVerfGE 3, S. 407 (425 ff.); 15, S. 1 (16); zu Naturschutz und Landschaftspflege (Art. 75 Nr. 3 GG) BVerwGE 55, S. 272 (275 ff.) (Abgrenzung gegenüber dem „Bodenrecht" i. S. des Art. 74 Nr. 18 GG).

Der supranationale Zentralismus schießt mithin bei weitem über alle Formen des bundesstaatlichen Unitarismus und des kooperativen Föderalismus hinaus, die in der Bundesrepublik Deutschland verfassungsrechtlich zulässig wären – ein weiteres Beispiel für die inzwischen vielfach beklagten Erosionen des Bundesstaates im Prozeß der europäischen Integration[249]. Man wird auch bezweifeln müssen, ob die realen Probleme der Schutzgebietsfestsetzungen, wie sie in der Rechts- und Verwaltungspraxis der deutschen Bundesländer zutage getreten sind[250], im Verfahren des supranationalen Zentralismus und in der Entscheidungsgewalt der Kommission besser, zügiger und überzeugender als in der mitgliedstaatlichen Kompetenz bewältigt werden können.

Schließlich muß die Frage gestellt werden, welcher Grad an Rechtsverbindlichkeit und Justitiabilität einer Aktionsrichtlinie mit Programmcharakter zukommt. Jedenfalls gibt sich eine Richtlinie wie diejenige zur Erhaltung der natürlichen Lebensräume sowie der wildlebenden Tiere und Pflanzen nicht als bloße politische Proklamation. Sie sucht vielmehr echte Rechtspflichten der Mitgliedstaaten zur Mitwirkung an der Gesamtaktion zu begründen. Ebenso zielt sie dahin, den Gemeinschaftsorganen, vor allem der Kommission, aktionsleitende Befugnisse zu verleihen. Die konstituierenden Maßstäbe und die hiervon abhängige Reichweite dieser Pflichten und Befugnisse liegen jedoch im juristischen Zwielicht. Daß umwelt- oder auch raumordnungspolitische Programmbeschreibungen als rechtsbegrifflich-tatbestandliche Handlungsvoraussetzungen und somit als strikt justitiable Maßstäbe zu verstehen sein sollten, wird man schwerlich annehmen können. Hält man sich an die Systematik des deutschen Planungsrechts, so bietet es sich an, derartige Programmbeschreibungen als Planungsziele oder -leitlinien[251] zu deuten. Dann schließen sie administrative Abwägungs- und Gestaltungsspielräume ein. Für deren praktische Bedeutung ist entscheidend, wer das Recht der letztverbindlichen Auslegung und Anwendung hat. Insoweit ist die Rechtslage klar: Das letzte Wort der Auslegung und Anwendung des Richtlinienrechts steht hier wie auch sonst den Gemeinschaftsorganen zu, nämlich grundsätzlich der Kommission und dem Europäischen Gerichtshof und in den Ausnahmefällen des Art. 5 der geschilderten Richtlinie dem Minister-

---

[249] Vgl. dazu namentlich *Schröder*, JöR NF 35 (1986), S. 83 ff.; ferner Hrbek/Thaysen (Hrsg.), Die Deutschen Länder und die Europäischen Gemeinschaften, 1986; w. N. oben in Fn. 88.

[250] Vgl. Rat von Sachverständigen für Umweltfragen, Umweltgutachten 1987, BT-Drucks. 11/1568, S. 149 ff.; *Bender/Sparwasser*, Umweltrecht, 2. Aufl. 1990, Rdn. 1206 ff., 1316 ff.

[251] Zur Begriffsbildung und Systematik *Ernst/Hoppe*, Das öffentliche Bau- und Bodenrecht, Raumplanungsrecht, 2. Aufl. 1981, Rdn. 185, 256 ff., 285.

rat. Rechtlich wird dadurch die Durchsetzungskraft der supranationalen Raumplanung und Schutzgebietsfestlegung gesichert. Wieder einmal hängt die Rechtsentwicklung insofern letztlich vom Europäischen Gerichtshof ab. Geht es dabei um die Durchsetzung von Aktionsrichtlinien mit umwelt- oder raumordnungspolitischem Programmcharakter, gewinnt das letzte Wort des Gerichtshofs ein zusätzliches politisches Gewicht.

In diesem Zusammenhang ist beachtenswert, daß das Beispiel der geschilderten Aktionsrichtlinie einen Vorläufer hat. Die Vogelschutz-richtlinie vom 2. April 1979[252] verpflichtet nämlich die Mitgliedstaaten zu besonderen Schutzmaßnahmen hinsichtlich der Lebensräume bedrohter Vogelarten. Daß schon hierdurch die gesamte Raumplanung und Raum-ordnung der Mitgliedstaaten berührt ist, hat der Europäische Gerichtshof in seinem Urteil vom 28. Februar 1991[253] zum Fall der Leybucht ausge-sprochen. Danach steht den Mitgliedstaaten im Rahmen von Art. 4 der Vogelschutzrichtlinie bei der flächenmäßigen Verringerung und Verände-rung eines Schutzgebietes nicht der gleiche „Beurteilungsspielraum" zu wie bei der Bestimmung eines Schutzgebietes. Eine Verkleinerung darf deshalb nach der Entscheidung des Gerichtshofs nur dann vorgenommen werden, wenn dafür außerordentliche Gründe, wie beispielsweise der Küstenschutz oder Überschwemmungsgefahr, vorliegen. Unabhängig von der umweltpolitischen Bewertung des Falles und seiner „Parallelbe-wertung" nach nationalem Naturschutz- und Raumordnungsrecht zeigt das Urteil, daß der Europäische Gerichtshof bereit ist, sich der Durchset-zung von Aktionsrichtlinien mit umwelt- oder raumordnungspolitischem Programmcharakter entschlossen und ohne sonderliche juristische Skru-pel anzunehmen.

3. Wege zur Vermeidung oder Überwindung von Konflikten zwischen supranationalen Umweltrichtlinien und nationalem Recht

Ging es in den vorangegangenen Betrachtungen um die Diagnose der eingangs beleuchteten Koordinationskonflikte zwischen dem nationalen und dem supranationalen Umweltrecht, so muß im nächsten Schritt die Frage nach der indizierten Therapie gestellt werden. Hierauf läßt sich nicht mit einem einfachen Patentrezept antworten. Im Gegenteil: Da die Diagnose unterschiedliche Konfliktlagen je nach dem zugrundeliegenden Typ der gemeinschaftsrechtlichen Richtlinie, dem hierdurch verursachten

---

[252] Richtlinie 79/869/EWG über die Erhaltung der wildlebenden Vogelarten, ABl. EG Nr. L 103/1.
[253] EuGH, Rs. C-57/89 (Kommission/Bundesrepublik Deutschland), Slg. 1991, S. 883 (930 ff.).

Umsetzungsbedarf und den Eigenheiten der anzupassenden nationalen Rechtsordnung aufgedeckt hat, ist auch eine differenzierte Therapie erforderlich.

Wichtig erscheint bei alledem allerdings die Beachtung einer grundsätzlichen Erkenntnis, die sich – letztlich übereinstimmend – aus der Beobachtung der verschiedenen Konfliktlagen und Streitigkeiten ergibt: Die europäische Rechtsvereinheitlichung im Wege von Richtlinien und anschließenden nationalen Umsetzungsakten muß als „gestreckter", nämlich zeitaufwendiger und schrittweise ablaufender Prozeß auf zwei Stufen begriffen werden[254]. Dessen Durchführung erfordert eine fortwährende Kooperation, Koordination und Rückkoppelung zwischen der supranationalen und der nationalen Rechtsebene. Zumal die EG-Richtlinien gerade auf dem Gebiet des Umweltschutzes keine systematischen, in sich geschlossenen Kodifikationen darstellen, sondern mehr oder minder punktuelle und aktionistische, ausfüllungs- und ergänzungsbedürftige sowie offene und kompromißhafte Regelungen enthalten, eignen sie sich nicht als Rechtsform eines einseitigen und schematischen Oktroi. Sie sind vielmehr darauf angelegt, daß die Umsetzung auf die inneren Strukturen und Besonderheiten der jeweiligen mitgliedstaatlichen Rechtsordnung Rücksicht nehmen kann und muß[255].

Diese Rücksichtnahme muß konsequenterweise auch bei der supranationalen Umsetzungskontrolle walten. Kommission und Europäischer Gerichtshof werden sich mit zunehmender Regelungsdichte der Richtlinien immer weniger auf eine selbstgenügsame Rechtsdurchsetzung von oben her zurückziehen können. Statt dessen werden sie sich auf die strukturellen Zusammenhänge der nationalen Rechtsordnungen einlassen müssen. Damit wird zwangsläufig auch die vergleichende Betrachtung des nationalen Rechts erforderlich. Insbesondere gilt es, die supranationale Blindheit gegenüber den strukturellen Unterschieden der nationalen Verwaltungsrechtsordnungen zu überwinden. Nur so können die Gleichmäßigkeit und die Wirklichkeitsnähe der Umsetzungskontrolle gewährleistet werden. In diesem Sinne sind die folgende „Gebote" zu verstehen. Sie

---

[254] Vgl. dazu *Ipsen*, Europäisches Gemeinschaftsrecht, 1972, S. 455 ff.; *Constantinesco*, Das Recht der Europäischen Gemeinschaften, Bd. I, 1977, S. 610 ff.; *Bleckmann* (Fn. 96), Rdn. 175; *Oppermann* (Fn. 6), Rdn. 455 ff.; *Oldenbourg*, Die unmittelbare Wirkung von EG-Richtlinien im innerstaatlichen Bereich, 1984, S. 3 ff.; *Everling*, in UTR (Fn. 1) Bd. 17, 1992, S. 1 (4 ff.); *Hilf*, EuR 1993, S. 1 ff., insbesondere S. 4 ff.; aus völkerrechtlicher Sicht *Schilling*, ZaöRV 48 (1988), S. 637 ff.

[255] Vgl. etwa *Zuleeg* (Fn. 246), S. 229 und passim; *Daig/Schmidt*, in: v. d. Groeben/Thiesing/Ehlermann (Hrsg.), Kommentar zum EWG-Vertrag, 4. Aufl. 1991, Art. 189 Rdn. 39; *Bleckmann* (Fn. 96), Rdn. 161 und 175; des weiteren auch die Nachweise in Fn. 254.

beziehen sich auf die Auslegung und Anwendung, teilweise auch auf die inhaltliche Gestaltung der gemeinschaftsrechtlichen Umweltrichtlinien.

a) Fünf Gebote des supranationalen Rechtsfriedens

Angesichts der aufgetretenen Verwicklungen und Gefahren sei der Versuch gewagt, die Analyse der Inhalte, Typen und Regelungsprobleme der Umweltrichtlinien für die Zukunft in rechtliche Anforderungen umzumünzen, die in erster Linie auf die Konfliktvermeidung und in bestehenden Streitfällen auf eine Konfliktüberwindung zielen. Eine entsprechende Praxis erscheint auf die Dauer unerläßlich, damit der Rechtsfrieden gewahrt und dort, wo er gegenwärtig gestört ist, wiederhergestellt werden kann.

(1) Notwendig ist eine Rückbesinnung auf das *Gebot der richtlinienkonformen Auslegung*. Der Europäische Gerichtshof[256] hat dieses Gebot bereits anerkannt, es aber offenbar in der eingangs wiedergegebenen Rechtsprechung aus den Augen verloren. Rechtssystematisch und entstehungsgeschichtlich lehnt sich die richtlinienkonforme Auslegung an das Vorbild der im deutschen Recht bewährten verfassungskonformen Gesetzesauslegung[257] an. Beide Varianten dienen der Harmonisierung von Rechtsnormen unterschiedlichen Rangs. Ist die niederrangige Norm in verschiedener Weise auslegbar, aber nur einer der Auslegungsinhalte mit der höherrangigen Norm vereinbar, so ist die dahingehende Auslegung geboten. Damit setzt sich in Zweifelsfällen der Inhalt des höherrangigen Rechts durch. Zugleich wird mit diesem Inhalt die Geltung des niederrangigen Rechts erhalten und dessen Nichtigerklärung vermieden.

---

[256] Vgl. dazu EuGH, Urt. v. 10.4.1984, Rs. 14/83 (v. Colson und Kamann), Slg. 1984, S.1891 (1909); Urt. v. 10.4.1984, Rs. 79/83 (Harz), Slg. 1984, S.1921 (1942); Urt. v. 15.5.1986, Rs. 222/84 (Johnston), Slg. 1986, S.1651 (1690); Urt. v. 8.10.1987, Rs. 80/86 (Kolpinghuis Nijmegen), Slg. 1987, S.3969 (3986); Urt. v. 20.9.1988, Rs. 31/87 (Beentjes), Slg. 1988, S.4635, Rdn. 39; Urt. v. 7.11.1989, Rs. 125/88 (Nijmann), Slg. 1989, S.3533 (3546); Urt. v. 13.11.1990, Rs. 106/89 (Marleasing), Slg. 1990, S.4135 (4159). Diese Rechtsprechung ist in der Literatur weitgehend begrüßt worden; vgl. dazu *Jarass*, EuR 1991, S.211 ff.; *Bach*, JZ 1990, S.1108 (1111 ff.); *Everling*, in: UTR (Fn. 1) Bd.17, 1992, S.5; *ders.* (Fn. 98), S.95 (100 ff.); *ders.*, in: Festschrift für Rudolf Lukes, 1989, S.359 (364 ff.); *Bleckmann*, RIW 1987, S.929 ff.; kritisch hingegen *Di Fabio*, NJW 1990, S.947 ff. und *Dänzer-Vanotti*, RIW 1991, S.754 ff.

[257] So auch *Everling* (Fn. 98), S.107; *Bach*, JZ 1990, S.1108 (1112); Salzwedel (Fn. 1), S.66 ff.; allgemein zur verfassungskonformen Auslegung *Zippelius*, Verfassungskonforme Auslegung von Gesetzen, in: Starck (Hrsg.), Bundesverfassungsgericht und Grundgesetz, Festgabe aus Anlaß des 25jährigen Bestehens des Bundesverfassungsgerichts, Bd. I, 1976, S.108 ff.; *Simon*, EuGRZ 1974, S.85 ff.; *Schlaich*, Das Bundesverfassungsgericht, 2.Aufl. 1991, Rdn.405 ff. m.w.N.; kritisch zu dieser Figur insbesondere *Bettermann*, Die verfassungskonforme Auslegung, 1986.

Vor dem Hintergrund dieser anerkannten Grundsätze der richtlinien-
wie auch der verfassungskonformen Gesetzesauslegung erstaunen einige
Bemerkungen in den beiden Urteilen des Europäischen Gerichtshofs vom
30. Mai 1991[258] auf dem Gebiet des Immissionsschutzes. Immerhin hat der
Gerichtshof dort angedeutet, daß er die TA Luft als Verwaltungsvorschrift zur Umsetzung gemeinschaftsrechtlicher Richtlinien möglicherweise akzeptiert hätte, wenn ihr – wie die Bundesrepublik Deutschland
vorgetragen hatte – ein zwingender Charakter und eine unmittelbare
Wirkung gegenüber Dritten zuerkannt werden müßten. Insofern bezieht
sich der Gerichtshof auf den Streit zwischen den Verfahrensbeteiligten
über den zwingenden Charakter der TA Luft, den die Bundesrepublik
unter Hinweis auf die deutsche Rechtsprechung und Lehre bejaht, die
Kommission hingegen verneint hatte[259]. Nun mag man in der Tat über
den „zwingenden Charakter", also über die normative Verbindlichkeit
der TA Luft für den Bürger und die Gerichte, streiten. Bekanntlich wird
hierüber in der Bundesrepublik seit langem eine intensive Kontroverse
geführt, die in den letzten Jahren mehr und mehr zur Anerkennung der
Ansicht geführt hat, daß die TA Luft als normkonkretisierende Verwaltungsvorschrift zu qualifizieren sei und auf einem entsprechenden gesetzlichen Regelungsauftrag (gemäß den §§ 48, 51 BImSchG) beruhe, wobei
der zuständigen Spitze der Exekutive (in Gestalt der Bundesregierung und
des Bundesrats) ein administrativer, an Verfahrens- und Anhörungserfor-
dernisse gebundener Standardisierungsspielraum zukomme[260]; hierdurch
sei auf der Grundlage und in den Grenzen der gesetzlichen Ermächtigung
die konkretisierende und standardisierende Verwaltungsvorschrift
gedeckt; diese habe als solche eine konstitutive Rechtswirkung und sei
nicht nur für die Behörden, sondern auch für den Bürger und die
streitentscheidenden Gerichte verbindlich. Von der normativen Verbindlichkeit ist die weitere, in den erwähnten Bemerkungen des Europäischen
Gerichtshofs ebenfalls anklingende Frage der drittschützenden Wirkung
sowie der drittseitigen Einklagbarkeit zu trennen. Inwieweit Umweltstandards insbesondere in Gestalt von Immissions- oder Emissionsgrenzwer-

---

[258] EuGH, Rs. C-361/88 und C-59/89 (Fn. 2).

[259] Vgl. hierzu das Vorbringen der Kommission, EuGH, Rs. C-361/88
(Fn. 2), S. 2576 ff. und Rs. C-59/89 (Fn. 2), S. 2615 ff.; zudem die Äußerung der
Bundesrepublik Deutschland in diesen Verfahren, Rs. C-361/88 (Fn. 2), S. 2579 ff.
und Rs. C-59/89 (Fn. 2), S. 2618 ff.; im übrigen oben I 2 b mit Fn. 36 ff.

[260] BVerwG, DVBl. 1988, S. 539 = NVwZ 1988, S. 824; OVG Münster,
NVwZ 1988, S. 173; *Breuer*, in: UTR (Fn. 1) Bd. 4, 1988, S. 91 (107 ff.) = NVwZ
1988, S. 104 (110 ff.); *ders.*, in: UTR (Fn. 1) Bd. 9, 1989, S. 64 ff.; *ders.*, NVwZ 1990,
S. 211 (222); *Vallendar*, UPR 1989, S. 213 ff.; *Erbguth*, DVBl. 1989, S. 473 ff.;
Kunert, NVwZ 1989, S. 1018 ff.; *Wallerath*, NWVBl. 1989, S. 153 ff.

ten sowie von Umweltqualitätsmerkmalen drittschützend und einklagbar
sind, ist in der deutschen Rechtsprechung und Lehre ein zusätzlicher,
besonders umstrittener Punkt[261]; hierauf ist zurückzukommen[262]. Letztlich läßt sich diese Frage im deutschen Recht nur unter Rückgriff auf das
zugrundeliegende, durch die Standards konkretisierte Gesetz beantworten. Demgemäß kommt es vor allem darauf an, inwieweit die Betreiber-
pflichten nach § 5 Abs. 1 Nr. 1 und 2 BImSchG drittschützenden Charakter haben und welche Betreiberpflicht durch die jeweiligen Standards
konkretisiert wird[263]. Daß diese Fragen der normativen Verbindlichkeit
sowie des drittschützenden Charakters innerhalb einer Rechtsordnung
unterschiedlich beantwortet werden, läßt sich oft nicht vermeiden. Mehr
noch: Eine solche „Streitbefangenheit" gehört zur Normalität einer ent-
wickelten Rechtsordnung, die von einer Rechtsschutzgarantie (Art. 19
Abs. 4 GG, § 40 Abs. 1 VwGO), vom Grundsatz strikter normativer
Bindung des Verwaltungshandelns und von der Justitiabilität rechtsbegrifflicher Anforderungen geprägt ist. Unstreitige Gewißheit des Rechts
mag ein hehres Ideal sein. Sie zu fordern oder erreichen zu wollen, ist
jedoch in einer Welt hochkomplizierter Tatsachen und Entscheidungsab-
läufe wirklichkeitsfremd.

Wenn der Europäische Gerichtshof der Meinung war, daß die TA Luft
als Verwaltungsvorschrift zur Umsetzung gemeinschaftsrechtlicher
Richtlinien nur geeignet sei, wenn sie „zwingenden Charakter" im Sinne
normativer Verbindlichkeit auch für den Bürger und die Gerichte habe,
hätten die hierzu bestehenden Meinungsverschiedenheiten innerhalb der
deutschen Rechtsprechung und Lehre keineswegs zu dem wiedergegebenen Verdikt über das deutsche Recht führen müssen. Es hätte nicht einmal
zu diesem Verdikt kommen dürfen. Der Gerichtshof hat nämlich das
Gebot der richtlinienkonformen Auslegung außer acht gelassen. Er hätte
auf der Grundlage seiner eigenen Prämissen durch die Beachtung dieses

---

[261] Vgl. hierzu *Breuer*, DVBl. 1986, S. 849 ff.; zuvor *ders.*, DVBl. 1983,
S. 431 ff.; *Marburger* (Fn. 49), C 51 ff.; *Kloepfer* (Fn. 49), § 5 Rdn. 16 ff.; jeweils
m. w. N.

[262] Unten III 3 a (5) mit Fn. 326 ff.

[263] Vgl. zum nachbarschützenden Charakter des Schutzgrundsatzes (§ 5
Abs. 1 Nr. 1 BImSchG) z. B. BVerwG, DVBl. 1982, S. 958; 1983, S. 183; VGH BW,
DÖV 1974, S. 706; OVG Hamburg, DVBl. 1975, S. 207; OVG Koblenz,
GewArch. 1975, S. 165; OVG Münster, DVBl. 1976, S. 790; OVG Lüneburg,
DVBl. 1985, S. 1322 f.; *Sellner* (Fn. 198), Rdn. 58; verneinend zum Vorsorgegrund-
satz (§ 5 Abs. 1 Nr. 2 BImSchG) BVerwGE 65, S. 313 ff.; *Sellner*, NJW 1980,
S. 1261; *Rauschning*, VVDStRL 38 (1980), S. 204 f.; differenzierend *Trute* (Fn. 196),
S. 350 f.: drittschützende Wirkung der raumbezogenen Vorsorge, aber kein Dritt-
schutz der risikobezogenen Vorsorgevariante; vgl. des weiteren die Nachw. in
Fn. 261.

Gebots dazu finden müssen, dem deutschen Recht im Einklang mit der von der Bundesrepublik vorgetragenen und durchaus validen, wenngleich streitigen Auffassung die geforderte Verbindlichkeit zuzuerkennen. Jedenfalls lag in Gestalt der TA Luft ein Umsetzungsakt vor, der die Voraussetzungen eines spezifizierten Befehls sowie eines effektiven Anstoßes zur innerstaatlichen Befolgung der zugrundeliegenden Richtlinien erfüllte[264]. Das gleiche gilt im Prinzip für die Beurteilung der weiteren, gesondert und richtlinienkonform zu beantwortenden Frage nach der drittschützenden Wirkung und der drittseitigen Einklagbarkeit. Allerdings fordert diese Frage der Sache wegen zu tieferreichenden und kritischen Überlegungen heraus, die hier noch zurückgestellt seien.

Demgegenüber stellt es einen Rückfall in einen archaischen Präjudizienkult sowie in ein positivistisches Rechtsverständnis dar, wenn der Europäische Gerichtshof sein Verdikt ebenso knapp wie kühl mit der „Feststellung" begründet, daß die Bundesrepublik Deutschland im konkreten Fall der TA Luft keine nationale Gerichtsentscheidung angeführt habe, mit der dieser Verwaltungsvorschrift über ihre Verbindlichkeit für die Verwaltung hinaus unmittelbare Wirkung gegenüber Dritten zuerkannt würde[265]. Diese Aussage scheint zugleich die Sehnsucht nach der unstreitigen Gewißheit des Rechts auszudrücken. Wer sich die lange und intensive Diskussion über die normkonkretisierenden Verwaltungsvorschriften vergegenwärtigt, weiß, daß es von Zufälligkeiten der Rechtspraxis abhing, wenn insbesondere das Bundesverwaltungsgericht vor den Urteilen des Europäischen Gerichtshofs vom 30. Mai 1991 keine Gelegenheit hatte, die instanzgerichtlich und wissenschaftlich erarbeitete Konzeption der normkonkretisierenden Verwaltungsvorschriften[266] zu bestätigen un damit die frühere Deutung als antizipiertes Sachverständigengutach-

---

[264] Vgl. zu diesen Voraussetzungen *Breuer*, WiVerw. 1990, S. 79 (99); die Umsetzungstauglichkeit normkonkretisierender Verwaltungsvorschriften wie der TA Luft bejahen auch nach den Urteilen des EuGH vom 28. 2. 1991, Rs. C-131/88, und vom 30. 5. 1991, Rs. C-361/88 und C-59/89 (Fn. 2): *v. Danwitz*, VerwArch. 1993, S. 73 ff.; für den Bereich des Wasserrechts *Reinhardt*, DÖV 1992, S. 102 ff.; a. A. *Bönker*, Umweltstandards in Verwaltungsvorschriften, 1992, S. 102 ff.

[265] EuGH, Rs. 361/88 (Fn. 2), S. 2602.

[266] Vgl. BVerwGE 72, S. 300 (316 ff.) (Wyhl); BVerwG, DVBl. 1988, 539 = NVwZ 1988, S. 824 (TA Luft); OVG Lüneburg, DVBl. 1985, S. 1322 f. (TA Luft); OVG Münster NVwZ 1988, S. 173 (TA Luft); *Gerhardt*, NJW 1989, S. 2233 ff.; *Hill*, NVwZ 1989, S. 401 ff.; *Ossenbühl*, DÖV 1982, S. 840; *Feldhaus/Ludwig*, DVBl. 1983, S. 570; *Kutscheidt*, NVwZ 1983, S. 584; *Badura*, in: Festschrift für Otto Bachof, 1984, S. 175 ff.; *Murswiek* (Fn. 196), S. 375 f.; zur Annahme eines administrativen Beurteilungsspielraums *Marburger*, Die Regeln der Technik im Recht, 1979, S. 417 ff.; *Sellner*, BauR 1980, S. 391 ff.; *Grimm*, in: Ballerstedt/van Buiren/Grimm, Richterliches Handeln und technisches Risiko, 1982, S. 44 ff.; auch die Nachweise in Fn. 260.

ten[267] abzulösen. Eine solche Fortentwicklung der höchstrichterlichen Rechtsprechung lag sogar „in der Luft". Von den Zufälligkeiten, in welcher Reihenfolge die verschiedenen Gerichte die Gelegenheit zur Entscheidung erhalten, darf die Rechtserkenntnis nicht abhängig gemacht werden.

Möglicherweise hat der Europäische Gerichtshof sich bei seiner Forderung nach einer „nationalen Gerichtsentscheidung" und dem schließlich ausgesprochenen Verdikt über die Umsetzung von EG-Richtlinien durch normkonkretisierende Verwaltungsvorschriften auch von einer internationalrechtlichen Denkweise leiten lassen. Deren Tradition entspricht es, daß „fremdes", nämlich ausländisches Recht bewiesen werden muß, und zwar von derjenigen Partei, die sich hierauf beruft[268]. Diese Denkweise ist jedoch für das Verhältnis zwischen dem nationalen und dem supranationalen Recht im Rahmen der Europäischen Gemeinschaften überholt und verfehlt. Hier fällt vielmehr der richtlinienkonformen Auslegung die Aufgabe zu, den Zweifel hinsichtlich des nationalen Rechts zu überwinden und zugleich die Harmonie zwischen den beiden Rechtsebenen zu gewährleisten – mit dem inhaltlichen Tenor des supranationalen Rechts, aber unter Erhaltung der nationalen Rechtsnorm.

(2) Des weiteren sollte ein *Gebot der rechtsordnungsimmanenten und funktionsgerechten Auslegung mitgliedstaatlicher Vorschriften, Rechtsinstitute und Rechtsbegriffe* anerkannt und beachtet werden. Hierbei geht es darum, daß „streitbefangene" Regelungen des nationalen Rechts in ihrem normativen Zusammenhang verstanden werden müssen und nur in dieser Bedeutung am Gemeinschaftsrecht gemessen werden dürfen. Negativ formuliert, geht es nicht an, daß überprüfte Regelungen aus dem Zusammenhang gerissen, dadurch fast zwangsläufig sinn- und funktionswidrig ausgelegt und deshalb bei der supranationalen Kontrolle verworfen werden. In diesem Sinne wird die rechtsordnungsimmanente und funktionsgerechte Auslegung auf der Ebene des nationalen Rechts nicht etwa durch die europarechtskonforme Auslegung erübrigt. Sie ist dieser streng genommen sogar systematisch vorgelagert. Auch gegen das Gebot einer solchen Auslegung hat der Europäische Gerichtshof in den Urteilen zur TA Luft[269] verstoßen.

---

[267] BVerwGE 55, S. 250 = DVBl. 1978, S. 591 mit Anm. von *Breuer*; zuvor bereits *ders.*, AöR (1976), S. 79 ff.; *ders.*, DVBl. 1978, S. 34 ff.
[268] Vgl. z. B. *Hartmann*, in: Baumbach/Lauterbach/Albers/Hartmann, ZPO, 51. Aufl. 1993, § 293 Rdn. 5 ff.
[269] EuGH, Urteile vom 30. 5. 1991, Rs. C-361/88 und Rs. C-59/89 (Fn. 2).

Offenbar ist der Gerichtshof ebenso wie die Kommission in der Vorstellung befangen, daß die Verwaltungsvorschriften des deutschen Umweltrechts nichts anderes als formenmißbräuchlich gesetztes Innenrecht der Verwaltung anstelle eines rechtsstaatlich und gemeinschaftsrechtlich gebotenen Außenrechts seien. So betrachtet werden die Verwaltungsvorschriften lediglich in den tradierten und abstrakten Kategorien des allgemeinen Staats- und Verwaltungsrechts[270] gewürdigt. An dieser Stelle kann und soll nicht der grundsätzlichen Frage nachgegangen werden, ob die alte Unterscheidung zwischen Innen- und Außenrecht aus dogmatischer Perspektive noch aufrechtzuerhalten ist[271]. Jedenfalls hat der Europäische Gerichtshof nicht berücksichtigt, daß der Regelungsmodus der Verwaltungsvorschriften im deutschen Umweltrecht gerade dort angewandt wird, wo die gesetzlichen, in strikte, aber unbestimmte Begriffe gekleideten Anforderungen an die Grenzen der naturwissenschaftlichen Erkenntnisse und der technischen Möglichkeiten stoßen. Es geht dort um eine Regelung in der Zone des naturwissenschaftlich und technisch Streitigen. Notwendig ist eine solche Regelung, soweit das zugrundeliegende Gesetz den Stand der Technik (so §§ 3 Abs. 6, 5 Abs. 1 Nr. 2 BImSchG, § 7 Abs. 1 Satz 1 und 3 WHG, § 4 Abs. 5 AbfG)[272], den Stand von Wissenschaft und Technik (so § 7 Abs. 2 Nr. 3 AtomG, §§ 6 Abs. 2, 13 Abs. 1 Nr. 4, 16 Abs. 1 Nr. 2 GenTG)[273] oder den Stand der Wissenschaft (§ 1 Nr. 2 StrahlenschutzvorsorgeG, §§ 7 Abs. 1, 16 Abs. 1

---

[270] Vgl. dazu *Ossenbühl*, Verwaltungsvorschriften und Grundgesetz, 1968; *ders.*, in: Isensee/Kirchhof (Fn. 8), Bd. III, 1988, § 65; *ders.*, in: Erichsen/Martens (Hrsg.), Allgemeines Verwaltungsrecht, 9. Aufl. 1992, § 7 Rdn. 30 ff.; *Kirchhof*, Rechtsquellen und Grundgesetz, in: Starck (Hrsg.), Bundesverfassungsgericht und Grundgesetz (Fn. 257), Bd. II, 1976, S. 50 ff.

[271] Vgl. dazu *Ossenbühl*, in: Isensee/Kirchof (Fn. 8), Bd. III, 1988, § 65 Rdn. 39 ff., 44 ff.; *ders.*, in: Erichsen/Martens (Fn. 270), § 7 Rdn. 41 ff., insbesondere Rdn. 51 f., der über die auf Art. 3 Abs. 1 GG basierende Selbstbindungskonstruktion hinausgeht und Verwaltungsvorschriften als originäres Administrativrecht mit Außenwirkung bezeichnet; *Lerche*, in: Maunz/Dürig, Kommentar zum Grundgesetz, Art. 84 Rdn. 96 ff.; *Brohm*, Verwaltungsvorschriften als administrative Rechtsquelle – ein ungelöstes Problem des Innenrechts, in: ders. (Hrsg.), Drittes deutsch-polnisches Verwaltungssymposium, 1983, S. 18 ff.

[272] Vgl. hierzu BVerfGE 49, S. 89 (135 f.) (Kalkar); *Feldhaus*, DÖV 1974, S. 700; *Breuer*, AöR 101 (1976), S. 46 (68); *Marburger* (Fn. 266), S. 158 ff.; *ders.*, Atomrechtliche Schadensvorsorge, 1983, S. 13 ff.; *Rengeling* (Fn. 114), S. 17 ff.; *Kloepfer/Meßerschmidt*, Innere Harmonisierung des Umweltrechts, 1987, S. 38 ff., insbesondere S. 41 ff.; *Kloepfer* (Fn. 49), § 2 Rdn. 45 ff., § 7 Rdn. 56, § 11 Rdn. 99 ff., § 12 Rdn. 107 f.

[273] Vgl. hierzu BVerfGE 49, S. 89 (136); *Marburger* (Fn. 266), S. 164 ff.; *ders.*, Schadensvorsorge (Fn. 272), S. 7 ff.; *Kloepfer/Meßerschmidt* (Fn. 272), S. 42 f.; *Kloepfer* (Fn. 49), § 8 Rdn. 29 f., § 13 Rdn. 197.

Nr. 3 GenTG)[274] zum rechtlichen Maßstab erhebt. Damit wird, wie an anderer Stelle[275] dargelegt, ein Agieren an der Front des Fortschritts verlangt. Bei der insoweit geforderten Konkretisierung kann und muß sich das Exektivrecht um plausible und akzeptable Lösungen bemühen. Es kann aber naturgemäß nicht die Grenzen der Naturwissenschaften und der Technik überwinden, wo an der Front des Erkenntnis- und Entwicklungsprozesses Ungewißheiten und Meinungsverschiedenheiten bestehen.

Die konkretisierenden Regelungen lassen sich deshalb im System der rechtsbegrifflichen Bindung nicht ohne weiteres in eine Rechtsverordnung gießen. Denn eine solche würde ihrerseits – wie das zugrundeliegende Gesetz – eine strikte normative Verbindlichkeit für sich reklamieren. Sie wäre infolgedessen mit einem nicht unerheblichen Geltungsrisiko behaftet. Ihre sachliche Widerlegung würde auf die ursprüngliche oder nachträgliche Gesetzwidrigkeit und somit auf die Rechtsfolge der Nichtigkeit hinauslaufen. Es gilt mithin, im System der rechtsbegrifflichen Bindung einen Regelungsmodus des Exekutivrechts zu finden, der im Grenzbereich der naturwissenschaftlichen Erkenntnisse und der technischen Lösungsmöglichkeiten einerseits – soweit möglich und verantwortbar – fortschrittliche Umweltstandards festlegt, andererseits aber nicht mit unbedingter Striktheit auftritt. Die Regelung muß mithin unter bestimmten Vorbehalten für den Fall der sachlichen Widerlegung stehen.

Eben diese doppelseitige Funktion erfüllt eine normkonkretisierende Verwaltungsvorschrift wie die auf die §§ 48, 51 BImSchG gestützte TA Luft. Der zugrundeliegende gesetzliche Regelungsauftrag gewährt der zuständigen Exekutivspitze (Bundesregierung und Bundesrat) keine originäre rechtspolitische Gestaltungsfreiheit, sondern nur einen sekundären und mehrfach begrenzten Standardisierungsspielraum[276]. Dessen Grenzen bestehen erstens in den rechtsbegrifflichen Voraussetzungen der Verwaltungsentscheidungen (insbesondere der Anlagengenehmigung nach den §§ 5 und 6 BImSchG) und zweitens in den Verfahrens- und Anhörungserfordernissen, die sich um die Anhörung der „beteiligten Kreise" gemäß § 51 BImSchG drehen. Die Ausübung des Standardisierungsspielraums ist danach an die vorherige Heranziehung des verfügbaren naturwissenschaftlichen und technischen Sachverstandes wie auch der Repräsentanten betroffener Interessen geknüpft. Vor allem wird von Gesetzes wegen die

---

[274] Vgl. dazu *Bischof*, Strahlenschutzvorsorgegesetz, 1989, § 1 Rdn. 18; *Hirsch/Schmidt-Didczuhn*, Gentechnikgesetz, 1991, § 6 Rdn. 23 ff., insbesondere Rdn. 27, § 16 Rdn. 21; *Breuer*, in: UTR (Fn. 1) Bd. 14, 1991, S. 59 f., 67 f.

[275] Vgl. *Breuer*, in: UTR (Fn. 1) Bd. 4, 1988, S. 107 ff. = NVwZ 1988, S. 110 ff.; *ders.*, in: UTR (Fn. 1) S. 57 f.; *ders.*, in: v. Münch/Schmidt-Aßmann (Fn. 169), Rdn. 146, 183 ff., 227 ff.

[276] Vgl. die Nachweise in Fn. 24 und 275, auch in Fn. 36 und 260.

Ermittlung und Auswertung der vielfach differierenden Erkenntnisse und Forderungen in dem erwähnten Grenzbereich der Naturwissenschaften und der Technik vorausgesetzt. Im Rahmen der Rechtskontrolle haben die deutschen Gerichte zu prüfen, ob die in den Verwaltungsvorschriften festgelegten Umweltstandards und die zugrundeliegende „Wertung wissenschaftlicher Streitfragen einschließlich der daraus folgenden Risikoabschätzung"[277] den Anforderungen der Willkürfreiheit, Plausibilität und Vertretbarkeit genügen[278]. Im übrigen kommt den Umweltstandards der Verwaltungsvorschriften keine Verbindlichkeit gegenüber dem Bürger und den Gerichten zu, soweit sie durch den Fortschritt des naturwissenschaftlichen und technischen Entwicklungsprozesses überholt sind[279] oder für den konkreten Einzelfall wegen atypischer, bei der Standardisierung unberücksichtigter Sachverhaltsumstände nicht passen[280]. In diesen beiden Fällen erweist sich, daß die Standards die Grenzen des gesetzlich eingeräumten Spielraums der Exekutive überschreiten, also gesetzwidrig sind. Auch die Einhaltung der hierdurch abgesteckten Standardisierungs- und Wirksamkeitsgrenzen unterliegt der Rechtskontrolle der deutschen Gerichte[281]. Die Verbindlichkeit der normkonkretisierenden Verwaltungsvorschriften ist daher nur prinzipieller Natur, sie steht unter dem Vorbehalt der erwähnten Ausnahmelagen. Anders ausgedrückt: Normkonkretisierende Verwaltungsvorschriften wie die TA Luft sind nicht unbedingt verbindlich, sondern widergliches Exekutivrecht, wobei die Widerlegung an bestimmte Ausnahmevoraussetzungen gebunden ist. Die hierdurch formulierten Vorbehalte bilden das unverzichtbare rechtliche Korrektiv zur Berücksichtigung der Ungewißheiten und Unvollkommenheiten im Grenzbereich der naturwissenschaftlichen Erkenntnisse und der technischen Lösungsmöglichkeiten. Es handelt sich um normative Fluchtklauseln zur Wahrung der gesetzlichen und verfassungrechtlichen Vorgaben.

Im Zusammenhang des deutschen Umweltrechts sowie unter funktionalen Gesichtspunkten betrachtet, dienen die Geltungsvorbehalte der normkonkretisierenden Verwaltungsvorschriften somit einer Verschärfung des Umweltschutzes. Insbesondere bewirken sie eine rechtliche

---

[277] BVerwGE 72, S. 300 (316 f.); OVG Münster, NVwZ 1988, S. 173 f.

[278] BVerwGE 72, S. 300 (320 f.); vgl. dazu *Sellner*, NVwZ 1986, S. 619.

[279] BVerwG, DVBl. 1988, S. 539 f. = NVwZ 1988, S. 824 (825); OVG Lüneburg, DVBl. 1985, S. 1322; vgl. des weiteren *Breuer*, DVBl. 1986, S. 858 f. sowie oben Fn. 24 und 275.

[280] BVerwGE 72, S. 300 (320 f.); OVG Lüneburg, DVBl. 1985, S. 1322; *Ossenbühl*, in: Erichsen/Martens (Fn. 270), § 7 Rdn. 52.

[281] Vgl. *Breuer*, in: UTR (Fn. 1) Bd. 4, 1988, S. 113 f. = NVwZ 1988, S. 112 f.; ferner die Nachweise in Fn. 277, 278, 279 und 280.

Dynamisierung entsprechend den begrifflichen Anforderungen des Gesetzes. Der Regelungsmodus der normkonkretisierenden Verwaltungsvorschriften läuft daher nicht, wie der Europäische Gerichtshof zu meinen scheint, auf ein rechtsstaatliches Defizit, eine umweltrechtliche Schwäche oder gar einen Formenmißbrauch hinaus. Vielmehr wird so der gesetzlich gebotene Umweltschutz gestärkt. Entscheidend ist, daß die Standards des Exekutivrechts nach Maßgabe der parlamentsgesetzlichen, gerichtlich auszulegenden Anforderungen sowie der Fortschritte des naturwissenschaftlichen und technischen Entwicklungsprozesses widerlegt werden können, sofern sie überholt oder wegen atypischer Sachverhaltsumstände inadäquat sind[282].

Das sachliche und rechtsstaatliche Bedürfnis für diese Geltungsvorbehalte entfällt nicht, wenn Umweltstandards in EG-Richtlinien festgelegt und dann in nationales Recht umgesetzt werden. Den Ungewißheiten und Unvollkommenheiten im Grenzbereich der naturwissenschaftlichen Erkenntnisse und der technischen Lösungsmöglichkeiten können auch die EG-Richtlinien und die dort festgelegten Standards nicht entkommen. Eigentlich sollte es sich auch das Gemeinschaftsrecht angelegen sein lassen, den rechtsstaatlichen und umweltrechtlichen Anforderungen zu entsprechen, die hinter den Geltungsvorbehalten der normkonkretisierenden Verwaltungsvorschriften deutschen Rechts stehen. Hierzu geben schon die vielbeschworenen Ziele des gemeinschaftsrechtlichen Umweltschutzes nach Art. 130 r Abs. 1 und 2 EWGV/EGV[283] Veranlassung. Folgt man dem nicht, droht eine sachlich unangemessene Überhöhung des Exekutivrechts, nämlich eine Verabsolutierung der einmal in Richtlinien festgelegten Umweltstandards. Demgegenüber kann nicht auf die Möglichkeiten einer supranationalen Änderung bestehender Richtlinien sowie eines nationalen Alleingangs (nach Art. 100 a Abs. 4 und 5 oder nach Art. 130 t EWGV)[284] verwiesen werden. Es liegt auf der Hand, daß diese Wege entweder zu schwerfällig und langwierig oder zu eng und risikobehaftet sind. Sie stellen daher kein angemessenes Korrektiv zur Bewältigung von Ausnahmelagen dar, die bei Fortschritten des naturwissenschaftlichen und technischen Entwicklungsprozesses jederzeit eintreten können und flexible Anpassungen verlangen.

---

[282] Vgl. die Nachweise in Fn. 279–281.

[283] Vgl. *Scheuing*, EuR 1989, S. 152 ff.; *Pernice*, in: UTR (Fn. 1) Bd. 7, 1989, S. 9 ff.; *ders.*, NVwZ 1990, S. 203; *Seidel*, DVBl. 1989, S. 441 ff.; zu den Änderungen durch den Vertrag von Maastricht *Epiney/Furrer*, EuR 1992, S. 369 ff.

[284] Vgl. *Pernice*, in: UTR (Fn. 1) Bd. 7, 1989, S. 19 ff. und 46; *ders.*, NVwZ 1990, S. 206 ff.; *Scheuing*, EuR 1989, S. 152 (167 ff.); *Epiney/Furrer*, EuR 1992, S. 369 (400 f.); oben II 1 a m. w. N.

Eine rechtsordnungsimmanente und funktionsgerechte Auslegung des deutschen Rechtsinstituts der normkonkretisierenden Verwaltungsvorschriften zeigt somit nicht nur, daß diese – wie die TA Luft – einen adäquaten Regelungsmodus zur Behandlung von Ungewißheiten und Unvollkommenheiten naturwissenschaftlicher und technischer Provenienz bilden. Die Betrachtung des funktionalen Zusammenhangs läßt auch erkennen, daß die Geltungsvorbehalte solcher Verwaltungsvorschriften im System der rechtsbegrifflichen Bindung den Umweltschutz nicht aushöhlen oder schwächen, sondern verstärken. Schließlich wird bei der Würdigung des Regelungs- und Funktionszusammenhangs erkennbar, daß normkonkretisierende Verwaltungsvorschriften als Modus zur Umsetzung von EG-Richtlinien durchaus Anerkennung verdient gehabt hätten, und zwar auch unter gemeinschaftsrechtlichem Blickwinkel[285].

Das gegenteilige Verdikt des Europäischen Gerichtshofs fordert allerdings zur Beantwortung der immer wieder gestellten Frage heraus, ob nicht der ganze Streit um die TA Luft und andere normkonkretisierende Verwaltungsvorschriften dadurch erledigt werden kann, daß einfach die Bezeichnung und die Verkündungsform ausgewechselt werden. So mutet es auf den ersten Blick geradezu wie das juristische Ei des Kolumbus an, wenn die inhaltlich unveränderten, im gleichen Verfahren beschlossenen Regelungen von Verwaltungsvorschriften zu Rechtsverordnungen umdeklariert und dementsprechend im Bundesgesetzblatt verkündet werden. Insbesondere scheint dieser Weg auf dem Gebiet des Immissionsschutzrechts bereits de lege lata nach den §§ 7, 48 a und 51 BImSchG gangbar zu sein[286]. So mag man provokant weiterfragen, ob sich nicht derjenige, der wegen des Regelungsmodus der normkonkretisierenden Verwaltungsvorschriften „nachkartet", einem unergiebigen Theoretisieren hingibt. Dieser Vorwurf träfe, wenn er begründet wäre, auch das hier aufgestellte Gebot der rechtsordnungsimmanenten und funktionsgerechten Auslegung hinsichtlich des deutschen Rechtsinstituts der normkonkretisierenden Verwaltungsvorschriften.

Der Schein eines derart „eleganten", rein formalen Ausweges dürfte jedoch trügen. Zum einen ist, wie schon angedeutet[287], darauf hinzuweisen, daß namentlich die TA Luft nicht nur dem Namen nach, sondern auch nach Form und Inhalt eine typisch technische und administrative Handlungsanweisung ist. Sie unterscheidet sich dadurch äußerlich wie

[285] Vgl. *Beyerlin*, EuR 1987, S. 126 (132); *Salzwedel* (Fn. 1), S. 65 ff.; *Salzwedel/Viertel*, ZfU 1989, S. 131 ff.; *Breuer*, WiVerw. 1990, S. 79 ff.; *v. Danwitz*, VerwArch. 1993, S. 73 ff.; *Reinhardt*, DÖV 1992, S. 102 (106 ff.); a. A. insbesondere *Bönker* (Fn. 264).

[286] Vgl. *Hansmann* (Fn. 1), S. 28 ff.

[287] Vgl. oben I 2 b mit Fn. 44–47.

inhaltlich von dem Phänotyp der Rechtsverordnung. Zum anderen wäre mit der formalen Umbenennung und der Verkündung im Bundesgesetzblatt auch in europarechtlicher Hinsicht vermutlich nichts gewonnen – vorausgesetzt, daß es bei den hervorgehobenen Geltungsvorbehalten bleiben soll, also die naturwissenschaftliche oder technische Veraltung des geregelten Standards oder das Vorliegen eines atypischen Sachverhalts eingewandt werden kann und die Gerichte hierüber zu entscheiden haben. Eben diese Vorbehalte sind indessen, wie dargelegt, aus der Sicht des deutschen Gesetzes- und Verfassungsrechts unverzichtbar, damit die Ungewißheiten und Unvollkommenheiten sowie die laufenden Fortschritte im Grenzbereich der naturwissenschaftlichen Erkenntnisse und der technischen Lösungsmöglichkeiten berücksichtigt werden können[288]. Der Europäische Gerichtshof wäre daher mit dem formalen Bezeichnungs- und Verkündungswandel kaum zufriedenzustellen, da auch eine Rechtsverordnung unter den erwähnten Geltungsvorbehalten keinen „zwingenden Charakter" im Sinne einer unbedingten Verbindlichkeit[289] hätte.

Allenfalls mag man sich auf einen pragmatischen Kompromiß und damit auf einen besseren Neuanfang verständigen, indem der Europäische Gerichtshof in der Sache einlenkt und die spezifischen Geltungsvorbehalte des deutschen Rechts in bezug auf Umweltstandards bei der Umsetzung von gemeinschaftsrechtlichen Richtlinien akzeptiert, sofern das deutsche Recht den formalen Wandel von der Verwaltungsvorschrift zur Rechtsverordnung vollzieht. Der Gedanke an eine solche Beilegung des Streites ist indessen nicht nur spekulativ. Er führt auch von der juristischen Betrachtung weg.

(3) Will man die geschilderten Konflikte überwinden, so muß ferner ein *Gebot der ganzheitlichen Auslegung und Bewertung unterschiedlicher, sich überlagernder Nutzungsordnungen des nationalen und des supranationalen Rechts* anerkannt und befolgt werden. Dieses Gebot entfaltet seine wesentliche Bedeutung, wo eine Ordnungsrichtlinie eigenständige Rechtsbegriffe, Kontrolltatbestände, Zielsetzungen und Handlungspflichten aufweist und dadurch konzeptionell mit einer medialen Nutzungsordnung des nationalen Umweltrechts konkurriert. Wie gezeigt, steht insbesondere die Grundwasserrichtlinie vom 17. Dezember 1979[290] in einem solchen Überlagerungsverhältnis zu der wasserwirtschaftlichen Benutzungsordnung des deutschen Rechts[291]. Durch das einschlägige Urteil des

---

[288] Vgl. dazu die Nachweise in Fn. 277–281.

[289] So die Forderung des EuGH, Rs. C-361/88 (Fn. 2), S. 2604 f.; Rs. C-59/89 (Fn. 2), S. 2634 f.

[290] Oben Fn. 13.

[291] Vgl. oben I 2 a und III 2 b mit Fn. 27, 155–157.

Europäischen Gerichtshofs vom 28. Februar 1991[292] und den zugrundeliegenden Streit zwischen der Bundesrepublik und der Kommission hat sich
erwiesen, wie konfliktträchtig gerade diese Überlagerung zweier eigenständiger Nutzungsordnungen verschiedener Rechtsebenen ist.

Vergleicht man nur einzelne herausgegriffene Vorschriften der beiden
Ebenen miteinander, so fällt es regelmäßig nicht schwer, Divergenzen und
angebliche Defizite des nationalen Rechts zu entdecken. Indessen entspricht ein derart punktuell ansetzender Vergleich weder dem wohlver-
standenen Verhältnis zwischen dem nationalen und dem supranationalen
Recht innerhalb der Europäischen Gemeinschaften noch dem institutionellen Sinn der Richtlinie gemäß Art. 189 Abs. 3 EWGV/EGV. Selbst im
Anwendungsbereich der Art. 100 und 100a EWGV/EGV bedeutet die
geforderte Rechtsangleichung nicht, daß jede Einzelvorschrift einer EG-
Richtlinie eine inhaltsgleiche Parallelnorm im nationalen Recht finden
müßte. Wollte man nämlich eine solche Gleichheit bis in die Einzelvor-
schriften hinein verlangen, wäre den Mitgliedstaaten entgegen Art. 189
Abs. 3 EWGV/EGV jegliche „Wahl der Form und der Mittel" abgeschnit-
ten. Die Richtlinie wäre – ihrem Namen und ihrem Sinn zuwider – zu
einem punktgenauen Rechtsetzungskommando verkommen. Das zwei-
stufige Verfahren der Rechtsetzung mit der supranationalen, an die Mitgliedstaaten adressierten Richtlinie und der nationalen, an die Bürger
adressierten Umsetzung[293] würde zu einer formalen Pflichtübung. Sachlich wäre die Zweistufigkeit dann sinnlos.

Das Gebot der ganzheitlichen Auslegung und Bewertung unterschiedlicher, sich überlagernder Nutzungsordnungen der beiden Rechtsebenen
stellt nicht in Frage, daß die Rechtsangleichung im notwendigen Umfang
erreicht und somit das Umsetzungsziel verwirklicht wird. Zugleich wird
jedoch vermieden, daß die Mitgliedstaaten die „Wahl der Form und der
Mittel" gänzlich verlieren. Die nationalen Rechtsordnungen werden so
vor einem unnötigen Identitätsverlust bewahrt. Entscheidend ist hiernach,
ob die wesentlichen formellen und materiellen Anforderungen der beiden
Nutzungsordnungen strukturell übereinstimmen und die fragliche nationale Regelung in ihrer Gesamtheit so ausgelegt und angewendet werden
kann, daß sie mit der gleichfalls als Ganzes gewürdigten Regelung der
Richtlinie vereinbar ist. Im Hinblick auf den Problemfall der Grundwasserrichtlinie kann an dieser Stelle auf frühere Äußerungen verwiesen
werden, die schon vor dem einschlägigen Urteil des Europäischen
Gerichtshofs vom 28. Februar 1991 formuliert worden sind[294]. Sie haben

---

[292] EuGH, Rs. C-131/88 (Fn. 2).
[293] Vgl. dazu die Nachweise in Fn. 254.
[294] Vgl. *Breuer*, WiVerw. 1990, S. 79 (83 f., 95 ff., 106 ff.).

zwar – wie andere Argumente und Appelle aus der nationalen Sphäre – die supranationalen Entscheidungsträger entweder nicht erreicht oder nicht beeindruckt. Dennoch seien jene Äußerungen hier wiederholt, da sie verdeutlichen, was unter dem Gebot der ganzheitlichen Auslegung und Bewertung unterschiedlicher, sich überlagernder Nutzungsordnungen der beiden Rechtsebenen zu verstehen ist. In diesem Sinne ist das seinerzeitige Resümee zu lesen, die Grundwasserrichtlinie sei vor allem durch die §§ 2, 3, 19 a ff., 19 g ff. und 34 WHG, gesetzliche Ergänzungen und Verwaltungsvorschriften der Länder sowie durch Vorschriften des Abfallgesetzes von 1986 in das deutsche Recht umgesetzt worden. Damit verband sich der Hinweis auf die besondere Strenge des „Besorgnisgrundsatzes" in § 34 WHG und auf die gebotene Gesamtbewertung[295]:

> „Nur vordergründig kann es so scheinen, als stünden die Anforderungen des Grundwasserschutzes insbesondere nach § 34 WHG sowie nach den anlagenbezogenen Vorschriften der §§ 19 a ff. und 19 g ff. WHG im Gegensatz zu den strikten und spezifizierten Anforderungen der Grundwasserrichtlinie. Harmonisierend ausgelegt, treffen sich der gemeinschaftsrechtliche und der deutsche Grundwasserschutz bei unterschiedlichen rechtstechnischen Ausgangspunkten in einer sachlichen Mitte. Einerseits werden die strikten und spezifizierten Anforderungen der Richtlinie durch Ausnahmen gemildert. Andererseits gewinnen die genannten Vorschriften des deutschen Rechts durch das strenge Verständnis seitens der Rechtspraxis sowie durch richtlinienkonforme Auslegung einen restriktiveren und konkreteren Gehalt, als es auf den ersten Blick scheinen mag.
> Soweit die Grundwasserrichtlinie dennoch einen Überhang an strikten und spezifizierten Geboten und Verboten aufweist, greifen zur Schließung einer eventuellen Umsetzungslücke ... Verwaltungsvorschriften der Länder ein... Hieraus erwachsen objektivrechtliche Behördenpflichten im Einklang mit der Richtlinie. Soweit die einschlägigen Verwaltungsvorschriften der Länder aus den Jahren 1981 und 1982 noch Zweifel an der gebotenen Vollständigkeit der Umsetzung bestehen lassen, werden diese ausgeräumt, sobald die Länder die im Jahre 1989 erarbeitete Muster-Verwaltungsvorschrift zum Vollzug der Grundwasserrichtlinie als behördenverbindliche Regelung übernehmen."

Damit tritt abermals der Streit um die Umsetzungstauglichkeit von Verwaltungsvorschriften in das Blickfeld. Allerdings geht es hier um die Rechtswirkung ermessensbindender Verwaltungsvorschriften. Sie wird im deutschen Verwaltungsrecht seit langem anerkannt[296] und kann auch aus europarechtlicher Sicht nicht überzeugend in Zweifel gezogen werden. Überdies lassen sich die wiedergegebenen Ausführungen der Sache

---

[295] *Breuer,* WiVerw. 1990, S. 106 f.

[296] Dazu allgemein statt vieler *Ossenbühl,* in: Isensee/Kirchhof (Fn. 8), Bd. III, 1988, § 65 Rdn. 44 ff.; *ders.,* in: Erichsen/Martens (Fn. 270), § 7 Rdn. 48 ff.; in bezug auf das wasserrechtliche Bewirtschaftungsermessen *Salzwedel/Viertel,* ZfU 1989, S. 131 (138); *Breuer* (Fn. 22), Rdn. 381, 394, 403; *ders.,* WiVerw. 1990, S. 99 f.; a. A. *Beyerlin,* EuR 1987, S. 126 (146 ff.).

nach auch heute noch aufrechterhalten, da sie dem Gebot der ganzheitlichen Auslegung und Bewertung der unterschiedlichen, sich überlagernden Nutzungsordnungen entsprechen und so trotz der Einzelabweichungen insgesamt die Vereinbarkeit des deutschen Wasserrechts mit der Grundwasserrichtlinie feststellen. Der Europäische Gerichtshof hat sich jedoch dieser Gesamtbewertung versagt. Er ist in einem punktuellen und isolierten Vergleich einzelner Vorschriften steckengeblieben. Damit hat er das hervorgehobene Gebot der ganzheitlichen Auslegung und Bewertung mißachtet. Zutreffend ist bemerkt worden, daß das Urteil des Gerichtshofs zur Grundwasserrichtlinie „mit seiner Weigerung, sich auf irgend etwas anderes als einen abstrakten Normtextabgleich einzulassen", die Gefahr exemplifiziere, „die mit einer rein formalrechtlich orientierten Umsetzungskontrolle verbunden ist"; hierbei drohe nämlich „die Gefahr, daß Vertragsverletzungsverfahren, die die Umsetzung von Umweltrichtlinien betreffen, zu Papierkriegen mit rein symbolischer Funktion verkommen"[297]. Dieser Kritik braucht nichts mehr hinzugefügt zu werden.

(4) Besondere Hervorhebung verdient das *Gebot der Rücksichtnahme auf die Einheit der mitgliedstaatlichen Rechtsordnungen*. Mit diesem Gebot werden Erkenntnisse und Forderungen, die bereits in den zuvor herausgestellten Geboten angeklungen sind, weitergeführt und verallgemeinert. Treffend und klar hat *Albert Bleckmann*[298] die insoweit maßgebenden Grundpostulate ausgesprochen: Die Richtlinie werde grundsätzlich zur Koordinierung der nationalen Rechte eingesetzt. Deshalb seien bei allen Richtlinien zwei widersprüchliche Prinzipien zu beachten. Einerseits solle die Richtlinie in einem gewissen Umfang die internationale Rechtseinheit begründen. Andererseits aber müsse die Einheit des nationalen Rechts aufrechterhalten werden. Die Richtlinie sei daher so zu interpretieren, daß sie auf der einen Seite, soweit für ihre Zwecke erforderlich, die internationale Rechtseinheit verwirkliche, auf der anderen Seite aber auch der nationalen Rechtseinheit einen hinreichend breiten Raum belasse.

Der Europäische Gerichtshof hat auch das so formulierte Gebot der Rücksichtnahme auf die Einheit der mitgliedstaatlichen Rechtsordnungen bisher kaum zur Kenntnis genommen. Wiederholt hat er es sogar ebenso unbefangen wie auffällig außer acht gelassen.

Hierfür findet sich ein krasses Beispiel im Urteil des Gerichtshof vom 28. Februar 1991[299] zur Umsetzung der Grundwasserrichtlinie. Deren Art. 7 schreibt vor, daß die vorherigen Prüfungen im Rahmen der behörd-

[297] So *Lübbe-Wolff* (Fn. 1), S. 155.
[298] Europarecht (Fn. 96), Rdn. 175.
[299] EuGH, Rs. C-131/88 (Fn. 2).

lichen Präventivkontrollen (nach den Art. 4 und 5 der Richtlinie) „eine Untersuchung der hydrogeologischen Bedingungen der betreffenden Zone, der etwaigen Reinigungskraft des Bodens und des Untergrundes sowie der Gefahren einer Verschmutzung und einer Beeinträchtigung der Qualität des Grundwassers durch die Ableitung umfassen" und die Feststellung ermöglichen müssen, „ob die Ableitung in das Grundwasser vom Gesichtspunkt des Umweltschutzes aus eine angemessene Lösung darstellt". Die Bundesrepublik Deutschland hatte geltend gemacht, diese Verpflichtung brauche nicht durch eine Spezialvorschrift in das deutsche Recht umgesetzt zu werden. Vielmehr sei die Umsetzung schon durch die §§ 24 und 26 VwVfG und die entsprechenden Vorschriften der Landes-Verwaltungsverfahrensgesetze erfolgt, wonach die zuständigen Behörden den Sachverhalt von Amts wegen und mit bestimmten Beweismitteln zu untersuchen haben[300]. Der Europäische Gerichtshof hat diese Auffassung zurückgewiesen. In den Urteilsgründen heißt es apodiktisch, Art. 7 der Richtlinie lege im einzelnen fest, worauf sich die vorherigen Prüfungen im Sinne der Art. 4 und 5 konkret erstreckten. Deshalb könne diese Bestimmung nicht durch deutsche Rechtsvorschriften durchgeführt werden, die das allgemeine Verwaltungsverfahren betreffen, da diese Vorschriften „nicht so konkret, genau und eindeutig" seien, wie es notwendig sei, „um dem Erfordernis der Rechtssicherheit in vollem Umfang zu genügen"[301].

Diese Argumentation ist erstens an Formalismus kaum zu überbieten. Wenn die materiellrechtlichen Anforderungen einer Richtlinie hinreichend in das nationale Recht umgesetzt sind und das allgemeine Verwaltungsverfahrensgesetz des Mitgliedstaates die Ermittlung der maßgebenden Entscheidungsvoraussetzungen durch den Untersuchungsgrundsatz (§ 24 VwVfG) und bestimmte Beweismittel (§ 26 VwVfG) generell und zwingend vorschreibt, gibt es keine Umsetzungslücke. Zweitens stellt das Verdikt des Europäischen Gerichtshofs einen empfindlichen „Schlag ins Kontor" für die jahrzehntelangen Bemühungen des deutschen Gesetzgebers dar, entbehrliche Verfahrensvorschriften in den verwaltungsrechtlichen Fachgesetzen zu streichen und so nach Möglichkeit die Einheit des Verfahrensrechts durch die Anwendbarkeit der allgemeinen Verwaltungsverfahrensgesetze des Bundes und der Länder sicherzustellen[302]. Demge-

---

[300] EuGH, Rs. C-131/88 (Fn. 2), S. 838, 843 f. (Sitzungsbericht), 874 (Rdn. 35), 879 (Rdn. 62).

[301] EuGH, Rs. C-131/88 (Fn. 2), S. 874 (Rdn. 36), 879 (Rdn. 63).

[302] Vgl. *Kopp*, Verwaltungsverfahrensgesetz, 5. Aufl. 1991, Vorbem. vor § 1 Rdn. 1 ff.; *Ule/Laubinger*, Verwaltungsverfahrensrecht, 3. Aufl. 1986, S. 24 ff.; *Grupp*, DVBl. 1984, S. 510 ff.; *Bonk*, DVBl. 1986, S. 485 ff.; *Stelkens*, NVwZ 1986, S. 541 ff.; vgl. auch *Breuer*, Gutachten B für den 59. Deutschen Juristentag (Fn. 112), B 82 ff.

genüber läuft die Haltung des Europäischen Gerichtshofs auf eine überflüssige Zersplitterung des Verwaltungsverfahrensrechts hinaus. Die Rechtssicherheit wird dadurch nicht gestärkt, sondern geschwächt. Der hierin liegende Eingriff in die Einheit des mitgliedstaatlichen Rechts erweckt – über den Anwendungsbereich der Grundwasserrichtlinie hinaus – schwere Besorgnisse.

Ein anderes Beispiel, das zumindest eine Gefährdung der nationalen Rechtseinheit erkennen läßt, ist in beiden Urteilen des Gerichtshofs vom 30. Mai 1991[303] auf dem Gebiet des Immissionsschutzes zu entnehmen. Der Klagebegründung der Kommission folgend, hat der Gerichtshof die deutsche Umsetzung der Richtlinien „über Grenzwerte und Leitwerte der Luftqualität für Schwefeldioxid und Schwebestaub"[304] sowie „betreffend einen Grenzwert für den Bleigehalt in der Luft"[305] auch wegen des anlagenbezogenen Regelungsansatzes für unzureichend erachtet. Insofern kritisieren die Urteilsgründe, daß die TA Luft nach ihrer Nr. 1 nur für die nach § 4 BImSchG genehmigungsbedürftigen Anlagen gilt. Anwendungsbereich dieser Verwaltungsvorschrift sei damit die unmittelbare Nachbarschaft ganz bestimmter Anlagen, während die genannten Richtlinien auf das gesamte Hoheitsgebiet der Mitgliedstaaten anwendbar seien. Kommission und Gerichtshof weisen darauf hin, daß die fraglichen Immissionen andere Ursachen als genehmigungsbedürftige Anlagen haben können, wie z. B. ein hohes Verkehrsaufkommen, private Heizungen oder eine aus einem anderen Staat herrührende Verunreinigung. Dem allgemeinen Charakter jener Richtlinien werde eine Umsetzung nicht gerecht, die auf bestimmte Quellen der Überschreitung festgelegter Grenzwerte und auf bestimmte behördliche Maßnahmen beschränkt sei[306].

Es ist nicht zu bestreiten, daß das deutsche Immissionsschutzrecht primär einen anlagenbezogenen Regelungsansatz verfolgt. Ebenso ist nicht zu bestreiten, daß insbesondere die TA Luft als normkonkretisierende Verwaltungsvorschrift nur auf genehmigungsbedürftige Anlagen im Sinne des § 4 BImSchG i. V. m. der 4. BImSchV anwendbar ist. Daraus ergibt sich von vornherein eine Spannungslage gegenüber dem Gemeinschaftsrecht, soweit dessen Standardisierungsrichtlinien generelle, also an jedem Ort einzuhaltende Immissionsgrenzwerte und Luftqualitätsmerkmale vorschreiben. Allerdings traf das Bundes-Immissionsschutzgesetz

---

[303] EuGH, Rs. C-361/88 und C-59/89 (Fn. 2).
[304] Oben Fn. 15.
[305] Oben Fn. 16.
[306] EuGH, Rs. C-361/88 (Fn. 2), S. 2601 f. (Rdn. 17–19); Rs. C-59/89 (Fn. 2), S. 2631 f. (Rdn. 20–22).

von Anfang an auch eine Regelung über den gebietsbezogenen Immissionsschutz (§§ 44–47 BImSchG a. F.). Ob und inwieweit schon diese Regelung bei der Festlegung von Belastungsgebieten (§ 44 BImSchG a. F.) und der Aufstellung von Luftreinhalteplänen (§ 47 BImSchG a. F.) eine Orientierung an den Grenzwerten der TA Luft verlangte und somit auch die Umsetzung von Standardisierungsrichtlinien des Gemeinschaftsrechts ermöglichte[307], soll hier nicht erörtert werden. Denn zum einen hat der Europäische Gerichtshof diese Frage verneint, und zum anderen hat der deutsche Gesetzgeber in dem selbstkritischen Bemühen um eine europarechtskonforme und sachlich verbesserte Regelung des gebietsbezogenen Immissionsschutzes durch die 3. Novelle zum Bundes-Immissionsschutzgesetz vom 11. Mai 1990[308] insbesondere den §§ 44 und 47 des Gesetzes eine neue Fassung gegeben. Danach haben die zuständigen Behörden nicht nur in den durch Rechtsverordnung festgesetzten Untersuchungsgebieten, sondern auch in Gebieten, in denen eine Überschreitung von bestimmten Immissionswerten oder Immissionsleitwerten festgestellt wird oder zu erwarten ist, Luftqualitätsuntersuchungen durchzuführen. Dies gilt insbesondere, wenn solche Werte in bindenden Beschlüssen der Europäischen Gemeinschaften festgelegt sind (§ 44 Abs. 1 BImSchG n. F.). Ergibt die Auswertung der getroffenen Feststellungen, daß Immissionswerte des Gemeinschaftsrechts überschritten sind, *muß* die zuständige Behörde einen Luftreinhalteplan als Sanierungsplan aufstellen (§ 47 Abs. 1 Satz 1 BImSchG n. F.). Bei der festgestellten Überschreitung von Immissionsleitwerten des Gemeinschaftsrechts *kann* ein Luftreinhalteplan als Vorsorgeplan aufgestellt werden (§ 47 Abs. 1 Satz 3 BImSchG). In jedem Fall enthält der Luftreinhalteplan Maßnahmen zur Verringerung der Luftverunreinigungen und zur Vorsorge (§ 47 Abs. 2 Nr. 6 BImSchG n. F.). Diese Maßnahmen sind durch Einzelfallentscheidungen und eventuell durch Planungsakte durchzusetzen (§ 47 Abs. 3 BImSchG n. F.).

Ob der deutsche Gesetzgeber mit diesem Umsetzungsweg den Anforderungen der Kommission und des Europäischen Gerichtshofs genügt hat, ist leider offen. Hält man sich an das Gebot der Rücksichtnahme auf die Einheit des mitgliedstaatlichen Rechts, wird man die novellierte Regelung des gebietsbezogenen Immissionsschutzes (§§ 44, 47 BImSchG n. F.) innerhalb des deutschen Rechts als stimmige, systemkonforme Fortentwicklung und im Hinblick auf die einschlägigen EG-Richtlinien

---

[307] Vgl. dazu *Hansmann* (Fn. 1), S. 24 f., 27.

[308] BGBl. I S. 870; danach Bekanntmachung der Neufassung vom 14. 5. 1990, BGBl. I S. 880; vgl. zu den §§ 44–47 BImSchG n. F. *Rebentisch*, NVwZ 1991, S. 310 (315 f.).

als tauglichen Weg der Durchsetzung ansehen müssen[309]. Der deutsche Gesetzgeber hat so den anlagenbezogenen Regelungssatz aufrechterhalten, aber durch eine Ausweitung und Verschärfung des gebietsbezogenen Immissionsschutzes ergänzt. Seitdem ist der gesetzliche Untersuchungsauftrag nicht mehr auf einige förmlich festgesetzte Gebiete (die Untersuchungsgebiete im Sinne des § 44 Abs. 1 Satz 1 und Abs. 2 BImSchG n. F.) beschränkt, sondern flächendeckend angesetzt; erst durch die vorgeschriebenen Beobachtungen, Untersuchungen, Auswertungen, Luftreinhaltepläne sowie Sanierungs- und Vorsorgemaßnahmen erfolgt eine situationsgerechte Verengung auf bestimmte Gebiete und Verschmutzungsquellen. All dies spricht dafür, die europarechtlichen Einwände gegen den gebietsbezogenen Immissionsschutz des deutschen Rechts als erledigt zu betrachten.

Vor diesem Hintergrund ist es enttäuschend, daß der Europäische Gerichtshof in den Urteilen vom 30. Mai 1991[310] aus prozessualen Gründen jede Stellungnahme zu der novellierten Regelung des gebietsbezogenen Immissionsschutzes (§§ 44, 47 BImSchG n. F.) vermieden hat, da diese erst nach der von der Kommission gemäß Art. 169 Abs. 2 EWGV gesetzten Frist erlassen worden war; sie war daher nicht Streitgegenstand der Aufsichtsklage nach Art. 169 EWGV. Prozeßrechtlich ist dagegen nichts einzuwenden. In materiellrechtlicher Hinsicht trägt das distanzierte Schweigen des Gerichtshofs jedoch dazu bei, daß die Europarechtskonformität dieser Regelung weiterhin angezweifelt wird[311]. Damit bleibt die Einheit des deutschen Immissionsschutzrechts gefährdet. Wer um die notwendige Kooperation und Koordination im zweistufigen Rechtsetzungsverfahren der supranationalen Richtlinie und ihrer nationalen Umsetzung sowie um die Einheit des mitgliedstaatlichen Rechts besorgt ist, hätte sich ein klärendes obiter dictum des Gerichtshofs gewünscht. Ein nationales Gericht hätte sich diesem Anliegen in einer vergleichbaren Lage wahrscheinlich nicht verschlossen, um die Rechtssicherheit und die Rechtseinheit zu wahren[312]. Um so bedauerlicher erscheint das kühle Desinteresse des Europäischen Gerichtshofs an der Sicherheit sowie an der Einheit des nationalen Rechts.

Gesteigerte Bedeutung kommt dem Gebot der Rücksichtnahme auf die Einheit der mitgliedstaatlichen Rechtsordnungen zu, wo Verfahrens- oder

---

[309] Vgl. *Gallas*, Aspekte der Luftreinhaltepolitik, in: Koch/Behrens (Fn. 1), S. 98 (109); *Hansmann* (Fn. 1), S. 21 (24 f. und 27), allerdings skeptisch zu der Frage, ob dieser Umsetzungsweg aus der Sicht des EuGH Bestand haben würde.
[310] EuGH, Rs. C-361/88 und C-59/89 (Fn. 2).
[311] So selbst *Hansmann* (Fn. 1), S. 24 f., 27.
[312] Vgl. *Pestalozza*, Verfassungsprozeßrecht, 3. Aufl. 1991, § 20 Rdn. 31 ff.

Instrumentenrichtlinien mit Querschnittcharakter in das deutsche Recht umzusetzen sind. Daß Richtlinien dieses Typs einen wesentlich komplexeren Umsetzungsbedarf erzeugen als bloße Standardisierungsrichtlinien und sektorale Ordnungsrichtlinien, hat das bekannte Beispiel der UVP-Richtlinie gezeigt[313]. Darauf gründet sich der Appell, die Blindheit gegenüber den strukturellen Unterschieden der nationalen Verwaltungsrechtsordnungen abzulegen und die Umsetzungskontrolle insoweit nicht abstrakt, schematisch und „von oben her" zu praktizieren, sondern die Zusammenhänge der nationalen Rechtsordnungen zu berücksichtigen[314]. Dieser Appell darf nicht nur rechtspolitisch verstanden werden. Vielmehr geht es hierbei auch um ein juristisches Postulat, und zwar um nichts anderes als das europarechtliche Gebot der Rücksichtnahme auf die Einheit der mitgliedstaatlichen Rechtsordnungen.

Ähnliches gilt, wo Aktionsrichtlinien mit umwelt- oder raumordnungspolitischem Programmcharakter in nationales Recht umgesetzt werden müssen. Gegenwärtig mögen solche Richtlinien noch relativ selten anzutreffen sein, und vielleicht werden sie auch eine Ausnahmeerscheinung bleiben. Trotzdem dürfte der kritische Überblick über die Inhalte und Probleme der Richtlinie „zur Erhaltung der natürlichen Lebensräume sowie der wildlebenden Tiere und Pflanzen"[315] offenbart haben, daß gerade dieser Richtlinientyp die Einheit der mitgliedstaatlichen Rechtsordnungen einer Zerreißprobe aussetzen kann, sofern es bei der Umsetzung und der Umsetzungskontrolle seitens der Kommission und des Europäischen Gerichtshofs an der gebotenen Rücksichtnahme auf die nationale Rechtseinheit fehlen sollte.

(5) Nicht minder wichtig ist das *Gebot der Ausgewogenheit im Verhältnis zwischen administrativem Vollzug und judikativer Kontrolle*. Dieses Gebot betrifft ein zentrales Problem, das im deutschen Verwaltungsrecht seit Jahrzehnten lebhafte und schier endlose Diskussionen ausgelöst hat: die Dialektik zwischen der spezifischen Verwaltungsverantwortung und der gerichtlichen Verwaltungskontrolle[316]. Rechtsvergleichende und europarechtliche Untersuchungen über die Behandlung dieses Grundkon-

---

[313] Vgl. oben III 2 d mit Fn. 183–241.
[314] Vgl. oben in und bei Fn. 115 sowie oben III 2 d, a. E.
[315] Richtlinie 92/43/EWG (oben Fn. 57); dazu oben III 2 e mit Fn. 242–253.
[316] Vgl. *Papier*, Die Stellung der Verwaltungsgerichtsbarkeit im demokratischen Rechtsstaat, 1979; *Scholz* und *Schmidt-Aßmann*, VVDStRL 34 (1976), S. 145 ff. und 221 ff.; w. N. oben in Fn. 181.

flikts sind bisher Mangelware[317]. Die hier geforderte Ausgewogenheit stellt jedoch für jede Verwaltungsrechtsordnung auf nationaler und supranationaler Ebene ein sachnotwendiges Kernelement dar.

Einerseits verlangt die Ausdehnung des Verwaltungsrechts sowie der verwaltungsbehördlichen Zuständigkeiten und Befugnisse nach einer mitwachsenden und effektiven Rechtskontrolle. Jedenfalls in den kontinentaleuropäischen Staaten ist diese Kontrolle vor allem einer besonderen Verwaltungsgerichtsbarkeit anvertraut und dementsprechend dem Bürger ein verwaltungsprozessualer Rechtsschutz gewährt worden[318]. Auf der Ebene der Europäischen Gemeinschaften wächst die Funktion der Verwaltungsgerichtsbarkeit immer mehr dem Europäischen Gerichtshof zu[319]. So hat die judikative Kontrolle des Verwaltungshandelns geradezu einen Siegeszug hinter sich. Dies gilt in hervorstechender Weise für das deutsche Recht, insgesamt aber auch – wenngleich sicherlich nicht derart extrem – für das Recht anderer EG-Mitgliedstaaten und neuerdings mit zunehmend deutlicher werdenden Konturen für das Europarecht und die Rechtsprechung des Europäischen Gerichtshofs.

Andererseits ist insbesondere in der Bundesrepublik Deutschland seit langem die Kehrseite einer perfektionierten verwaltungsgerichtlichen Kontrolle sichtbar geworden. Anlaß zum Gegenlenken geben die offenkundigen Grenzen der normativen Verrechtlichung komplexer Sachfragen namentlich des Umweltschutzes und der technischen Sicherheit, die korrespondierenden, ebenso offenkundigen Grenzen der Justitiabilität, die häufige Überfrachtung der Verwaltungsgerichte mit naturwissenschaftlichen und technischen, aber auch mit politischen Fragen, die Stofffülle und überlange Dauer derartiger verwaltungsgerichtlicher Verfahren sowie die nicht selten eintretende Blockade der behördlichen Genehmigungen und der genehmigten Vorhaben durch verwaltungsprozessuale Anfechtungsklagen Dritter[320]. Angesichts dieser Erscheinungen sind in der deutschen Verwaltungsrechtslehre wie in der verwaltungsgerichtlichen Praxis seit etwa 15 Jahren wieder Tendenzen aufgekommen, einen

---

[317] Aufschlußreich gegenwärtig vor allem Schwarze/Schmidt-Aßmann (Fn. 114) mit den Beiträgen von *Schmidt-Aßmann, Hélin, Efstratiou* und *Schwarze*; vgl. auch *Schmidt-Aßmann*, in: Festschrift für Peter Lerche, 1993, S. 513 (517 ff.); w. N. oben in Fn. 114.

[318] Vgl. für das deutsche, französische und griechische Bau-, Wirtschafts- und Umweltverwaltungsrecht *Schmidt-Aßmann*, in: Schwarze/Schmidt-Aßmann (Fn. 114), S. 9 (23 ff.); *Hélin*, ebda., S. 63 ff.; *Efstratiou*, ebda., S. 111 ff.

[319] Vgl. *Schwarze*, in: Schwarze/Schmidt-Aßmann (Fn. 114), S. 203 ff.; *Everling*, in: Festschrift für Konrad Redeker, 1993, S. 293 ff.

[320] Vgl. *Papier* (Fn. 316), S. 7 ff.; w. N. oben in Fn. 49 und 181; zum Ganzen auch *Kloepfer*, VerwArch. 76 (1985), S. 371 ff. und 77 (1986), S. 30 ff.

eigenständigen, wenn auch rechtlich beschränkten Handlungsauftrag der Exekutive, eine spezifische Verwaltungsverantwortung sowie eine entsprechende Verringerung der gerichtlichen Kontrolldichte anzuerkennen[321]. Insgesamt ist die funktionale Spannung zwischen der Verwaltungsverantwortung und der gerichtlichen Kontrolle in der Bundesrepublik Deutschland mithin klar erkannt und vielfach beschrieben worden, aber keineswegs bewältigt.

Aus rechtsvergleichender Sicht ist hinzuzufügen, daß andere EG-Mitgliedstaaten die gerichtliche Kontrolle des Verwaltungshandelns zu keiner Zeit derart weit vorangetrieben, sondern dem Verwaltungsermessen seine zentrale Rolle belassen haben. Dort kommt folglich die spezifische Verwaltungsverantwortung bis heute wesentlich stärker zum Zuge. Insofern sei hier nochmals an das französische und das niederländische Recht der Anlagengenehmigung[322] erinnert. Daß das Verwaltungsermessen überdies in besonderem Maße das britische Recht prägt, sei nur am Rande erwähnt; hiervon zeugt auch das britische Umweltrecht[323]. So groß die Unterschiede zwischen den nationalen Verwaltungsrechtsordnungen auch sind, so auffällig ist das gemeinsame Problembewußtsein im Hinblick auf die Gewichtsverteilung zwischen Verwaltung und Gerichten. Bemerkenswerterweise folgt daraus durchweg die Anerkennung eines eigenständigen Handlungsauftrags und einer spezifischen Verantwortung der gesetzesvollziehenden Verwaltung. Die Unterschiede betreffen lediglich das Maß dieser Verwaltungsverantwortung.

Das hervorgehobene Gebot der Ausgewogenheit zwischen administrativem Vollzug und judikativer Kontrolle zielt demgemäß auf den notwendigen Kompromiß im Verhältnis zwischen den involvierten Staatsgewalten. Einerseits gehört es zu den unverzichtbaren Errungenschaften des Rechtsstaats, daß das Verwaltungshandeln auf dem Gebiet des Umweltschutzes wie auch sonst einer Kontrolle durch unabhängige Gerichte und einem effektiven Rechtsschutz des Bürgers zugänglich ist[324]. Andererseits dürfen dadurch der eigenständige gesetzliche Handlungsauftrag und die

---

[321] Vgl. BVerwGE 72, S. 300 (315 f.) (Wyhl); OVG Lüneburg, DVBl. 1985, S. 1322 (Buschhaus); *Breuer*, DVBl. 1986, S. 858 f.; *ders.*, in: UTR (Fn. 1) Bd. 4, 1988, S. 107 ff. = NVwZ 1988, S. 110 ff.; *ders.*, in: UTR (Fn. 1) Bd. 9, 1989, S. 64 ff.; *ders.*, NVwZ 1990, S. 211 (222); *Weber*, Regelungs- und Kontrolldichte im Atomrecht, 1984, S. 165 ff., 219 ff.; w. N. oben in Fn. 266.

[322] Vgl. oben III 2 d mit Fn. 219–240; ferner *Breuer*, in: UTR (Fn. 4) Bd. 17, 1992, S. 155 (184 ff., 187 f., 188 ff., 191 f., 196 fff., 200 f., 203 f.).

[323] Vgl. *Ball/Bell* (Fn. 160), S. 18 f., 76 f.

[324] Allgemein dazu *Krebs*, Kontrolle in staatlichen Entscheidungsprozessen, 1984, S. 59 ff.; *Schmidt-Aßmann*, in: Festschrift für Christian-Friedrich Menger, 1985, S. 107 (109 ff.).

hiermit verbundene spezifische Verantwortung der Verwaltung nicht völlig verdrängt werden. Dies gilt gerade bei den komplexen Verwaltungsentscheidungen über umweltrelevante Vorhaben, die regelmäßig schwierige Risikobewertungen und Entwicklungsprognosen in sich schließen[325]. Der administrative, unter parlamentarischer Kontrolle stehende Gesetzesvollzug darf insoweit nicht zwischen individuellen Klagerechten und Abwehransprüchen, maximierten formell- und materiellrechtlichen Anforderungen und einer gerichtlichen Totalkontrolle zerrieben werden. Diese Erkenntnisse und das hieraus abgeleitete Gebot der Ausgewogenheit zwischen administrativem Vollzug und judikativer Kontrolle sind nicht nur für die nationalen Rechtsordnungen, sondern auch bei der Ausgestaltung und Umsetzung von EG-Richtlinien sowie bei der supranationalen Umsetzungskontrolle zu beachten.

In diesem Licht müssen die Aussagen des Europäischen Gerichtshofs zum Drittschutz einer kritischen Würdigung unterzogen werden. Der Gerichtshof fordert insoweit, die mitgliedstaatliche Umsetzung einer Richtlinie müsse deren vollständige Anwendung in so klarer und bestimmter Weise gewährleisten, daß – soweit die Richtlinie Ansprüche des einzelnen begründen soll – die Begünstigten in der Lage seien, „von allen ihren Rechten Kenntnis zu erlangen und diese gegebenenfalls vor den nationalen Gerichten geltend zu machen"[326]. Soweit Immissionsgrenzwerte, bezogen auf bestimmte Zeiträume und Bedingungen, erklärtermaßen zum Schutz der menschlichen Gesundheit geschaffen worden seien, müßten die Betroffenen in allen Fällen, in denen die Überschreitung der Grenzwerte die Gesundheit gefährden könnte, in der Lage sein, sich auf zwingende Vorschriften zu berufen, um ihre Rechte geltend machen zu können. Bei dem bisherigen deutschen Umsetzungsweg über Verwaltungsvorschriften wie die TA Luft lasse sich jedoch „nicht sagen, daß der einzelne Gewißheit über den Umfang seiner Rechte haben kann, um sie gegebenenfalls vor den nationalen Gerichten geltend machen zu können, noch auch daß diejenigen, deren Tätigkeiten geeignet sind, Immissionen zu verursachen, über den Umfang ihrer Verpflichtungen hinreichend unterrichtet sind"[327]. Daraus leitet der Gerichtshof schließlich das unter anderen Gesichtspunkten bereits beleuchtete Verdikt ab, daß die Bundesrepublik Deutschland die zugrundeliegenden Richtlinien „über Grenzwerte und Leitwerte der Luftqualität für Schwefeldioxid und Schwebe-

---

[325] Vgl. *Breuer*, DVBl. 1986, S. 849 ff.; UTR (Fn. 1) Bd. 4, 1988, S. 91 ff. = NVwZ 1988, S. 104 ff.; NVwZ 1990, S. 211 ff.; jeweils m. w. N.

[326] EuGH, Rs. C-131/88 (Fn. 2), S. 867 (Rdn. 6); Rs. C-361/88 (Fn. 2), S. 2600 f. (Rdn. 15); Rs. C-59/88 (Fn. 2), S. 2631 (Rdn. 18).

[327] EuGH, Rs. C-361/88 (Fn. 2), S. 2602 f. (Rdn. 20); Rs. C-59/88 (Fn. 2), S. 2632 (Rdn. 23).

staub" sowie „betreffend einen Grenzwert für den Bleigehalt in der Luft"
nicht mit der Konkretheit, Bestimmtheit und Klarheit umgesetzt habe, die
notwendig seien, um dem Erfordernis der Rechtssicherheit zu genügen[328].
Namentlich *Klaus Hansmann*[329] hat von der Warte der deutschen
Verwaltung aus den Standpunkt des Europäischen Gerichtshofs – ebenso
wie denjenigen der Kommission – dahin gedeutet, daß jedenfalls bei
gesundheitsbezogenen Immissionsgrenzwerten und Luftqualitätsmerk-
malen einer Richtlinie ein allgemeiner gerichtlicher Drittschutz und ein
genereller Normvollziehungsanspruch des Bürgers gefordert würden.
Diese Deutung hat viel für sich. Sie kann sich, wie *Hansmann* dargelegt
hat, auf „persönliche", aber doch wohl amtlich inspirierte Äußerungen
von *Ingolf Pernice*[330] stützen, der in allen eingangs erwähnten Verfahren
vor dem Europäischen Gerichtshof die Kommission vertreten hat. Noch
vor den darin ergangenen Entscheidungen hat *Pernice* es als „geradezu
grotesk" und „absurd" bezeichnet, daß der Kommission mehr und mehr
die Rolle zuwachse, nicht nur die konkrete Umsetzung der EG-Richtlinien, sondern auch die konkrete Anwendung des mehr oder minder
umgesetzten Umweltrechts zu überwachen. Weder die Ausstattung der
Kommission noch das Vertragsverletzungsverfahren nach Art. 169
EWGV paßten für diese Aufgabe, die im übrigen auch nicht der Vollzugs-
kompetenz der Mitgliedstaaten entspreche[331]. Die Lösung für das Problem des Vollzugsdefizits könne in der Rolle liegen, die der Bürger als
Betroffener spiele. Nach dem Grundsatz der Subsidiarität müsse die
Überwachungsaufgabe von der obersten Ebene auf die kleinste soziale
Ebene „herabgezont" werden. Für die „bereits begonnene Wende" emp-
fiehlt *Pernice* mehr Information und Öffentlichkeit, die Dezentralisierung
der Aufsichtsfunktion durch Rechtsbehelfe des Bürgers im Sinne eines
„status activus prozessualis"[332] und die unmittelbare Anwendbarkeit der
EG-Richtlinien.
   In Anbetracht der supranationalen Wahlverwandtschaft zwischen
Kommission und Gerichtshof wird man sich wohl darauf einrichten
müssen, daß die wiedergegebenen Aussagen des Gerichtshofs zum Drittschutz die programmatischen, zuletzt zitierten Äußerungen aus dem
Kreise der Kommission zu verwirklichen suchen. Dennoch begegnet ein
derart pauschaler, zu einem generellen Normvollziehungsanspruch des

---

[328] EuGH, Rs. C-361/88 (Fn. 2), S. 2602 f. (Rdn. 21); Rs. C-59/88 (Fn. 2),
S. 2632 (Rdn. 24).
[329] In: UTR (Fn. 1) Bd. 17, 1992, S. 25 ff.
[330] NVwZ 1990, S. 414 (422 ff.).
[331] *Pernice*, ebda., S. 423.
[332] *Pernice*, ebda., S. 424; Begriff und Rechtsgedanke stammen von *Häberle*,
VVDStRL 30 (1972), S. 43 (86 ff.).

Bürgers tendierender Drittschutz durchgreifenden Bedenken. *Erstens* findet sich für den Schluß von der objektivrechtlichen Verpflichtung der Mitgliedstaaten auf subjektivrechtliche Ansprüche und Klagerechte des Bürgers „weder im Text noch in der Präambel ein Anhalt"[333]. *Zweitens* wirft die These des pauschalen Drittschutzes unlösbare Praktikabilitätsprobleme auf. Insbesondere wird die Rechtsklarheit und Rechtssicherheit nicht gefördert, sondern untergraben, wenn Grenzwerte und Umweltqualitätsmerkmale des gebietsbezogenen Immissionsschutzes individuellen Klagemöglichkeiten und gerichtlichen Entscheidungen anheimgegeben werden, obwohl ganz verschiedene, teilweise auch gebietsexterne oder gar ausländische Verschmutzungsquellen zusammenwirken und eine Sanierung zunächst eine planerische Abwägungsentscheidung über die Art der zu treffenden Maßnahmen und die Auswahl der zu verbietenden oder zu beschränkenden Emissionen voraussetzt[334]. Diese Entscheidung kann nur von der mitgliedstaatlichen Verwaltung aufgrund ihres gesetzlichen Handlungsauftrags und ihrer spezifischen Verantwortung getroffen werden. *Drittens* lassen Kommission und Europäischer Gerichtshof bedauerlicherweise völlig unberücksichtigt, daß die Frage des Drittschutzes nicht isoliert, sondern nur im Gesamtzusammenhang einer Rechtsordnung gelöst werden kann. Der sicherlich noch unvollkommene und zu vertiefende Rechtsvergleich zeigt, daß die nationalen Verwaltungsrechtsordnungen teils die gerichtliche Kontrolle des Verwaltungshandelns in materiellrechtlicher Hinsicht eng begrenzen und dann die Klagebefugnis sowie den verfahrensrechtlichen Zugang zu den Gerichten weit öffnen, teils hingegen – wie vor allem die Bundesrepublik Deutschland – die gerichtliche Kontrolle in materiellrechtlicher Hinsicht kultivieren oder gar perfektionieren und dann die Klagebefugnis sowie die subjektivrechtlichen Ansprüche einschränken[335]. Die hierauf bezogene Schutznormtheorie und deren hartnäckige Verteidigung durch die herrschende deutsche Rechtsmeinung[336] finden darin ihre tiefere Erklärung. Unausgewogen wäre die Kumulation aller drittschützenden Regelungsansätze, näm-

---

[333] So *Everling*, in: UTR (Fn. 1) Bd. 17, 1992, S. 16.
[334] Insoweit bemerkenswerterweise übereinstimmend *Everling* und *Hansmann*, in: UTR (Fn. 1) Bd. 17, 1992, S. 17 f. und 31 f.
[335] Vgl. die Nachweise in Fn. 114.
[336] Vgl. BVerwGE 1, S. 83; 27, S. 297 (307); 55, S. 280 (285); 66, S. 307 (308 ff.); *Breuer*, DVBl. 1983, S. 431 ff.; ders., DVBl. 1986, S. 849 (853 ff.); *Wahl*, JuS 1984, S. 577 ff.; *Kloepfer*, VerwArch. 76 (1985), S. 371 (381 ff.); *Marburger* (Fn. 49), C 18 ff., 51 ff.; *Bauer*, Geschichtliche Grundlagen der Lehre vom subjektiven öffentlichen Recht, 1986; ders., Die Schutznormtheorie im Wandel, in: Heckmann/Meßerschmidt (Hrsg.), Gegenwartsfragen des öffentlichen Rechts, 1988, S. 113 ff.; kritisch *Zuleeg*, DVBl. 1976, S. 509 ff.

lich einer extensiven Klagebefugnis, entsprechend umfassender Abwehr-
ansprüche Dritter, einer extremen gerichtlichen Kontrolle in materiellrechtlicher Hinsicht und eventuell zudem weitgesteckter Ansprüche auf
Information und Öffentlichkeit.

Wer dennoch über die unlösbaren Praktikabilitätsprobleme und die
ausufernden Kumulationseffekte hinweggeht, verstößt gegen das Gebot
der Ausgewogenheit zwischen administrativem Vollzug und judikativer
Kontrolle. Die absehbaren Folgen eines solchen Verstoßes treffen vor
allem die Bundesrepublik Deutschland. Ein Staat mit minimierter materiellrechtlicher Bindung und Kontrolle des Verwaltungshandelns kann
sich einen umfassenden gerichtlichen Drittschutz ohne Schwierigkeiten
„leisten". Dagegen wird ein Staat mit maximierter materiellrechtlicher
Bindung und Kontrolle des Verwaltungshandelns hierdurch der Gefahr
ausgesetzt, daß sein administrativer Gesetzesvollzug zerrieben wird. Für
die Wahrnehmung einer spezifischen Verwaltungsverantwortung bliebe
dann kein Raum mehr. Es ist höchste Zeit, diesen Zusammenhang zu
erkennen und – auch auf der supranationalen Ebene – zu berücksichtigen.
Die Forderung eines pauschalen Drittschutzes und eines generellen
Normvollziehungsanspruchs des Bürgers sollte wegen der unausgewoge-
nen und ungleichmäßigen Folgen für die mitgliedstaatlichen Rechtsordnungen nicht das letzte Wort sein – insbesondere nicht in der Rechtsprechung des Europäischen Gerichtshofs.

b) Tieferliegende Strukturmängel der gegenwärtigen europäischen Rechtsentwicklung

Die Überlegungen, wie die aufgetretenen Konflikte zwischen supranationalen Umweltrichtlinien und nationalem Recht in Zukunft vermieden oder überwunden werden können, wären unvollständig, wenn nicht
der Versuch unternommen würde, die tieferliegenden Strukturmängel der
gegenwärtigen europäischen Rechtsentwicklung zu erkennen. Diese Män-
gel beruhen letztlich auf den institutionellen Defiziten der Europäischen
Gemeinschaften, deren „Verfassung" mit dem Zuwachs an Kompetenzen
und Entscheidungsmacht nicht Schritt gehalten hat[337]. Die europäische
Rechtsetzung ist ein Spiegelbild der institutionellen Schieflage. Dies läßt
sich insbesondere auf dem Gebiet des Umweltrechts nicht mehr leugnen.
Die systematischen Gesetze zur Bewältigung der „Schicksalsaufgabe
Umweltschutz"[338] sind nach wie vor im wesentlichen auf der mitglied-

---

[337] Vgl. dazu *Graf Stauffenberg* (Fn. 90), T 34 ff.; *ders.*, ZRP 1992, S. 252
(258 f.).
[338] So *Breuer*, in: v. Münch/Schmidt-Aßmann (Fn. 169), Rdn. 2.

staatlichen Ebene angesiedelt. Das gleiche gilt für die Gesetzgebung des allgemeinen Verwaltungs-, Verwaltungsverfahrens- und Prozeßrechts. Hieran wird sich vermutlich in absehbarer Zeit wenig ändern, und zwar nicht nur wegen der unterschiedlichen nationalen Traditionen, sondern auch wegen des demokratischen und rechtsstaatlichen Rangs der Parlamentsgesetzgebung, die es nur auf nationaler und nicht auf supranationaler Ebene gibt. Die Nachteile des „technokratischen" Exekutivrechts der Europäischen Gemeinschaften sind oft beschrieben worden[339]. Sie haften auch den Umweltrichtlinien an. Je zahlreicher und dichter diese werden, desto schwieriger wird notwendigerweise ihre Umsetzung in das nationale Recht. Die prinzipiell geforderte Implantation einzelner, mehr oder minder punktueller Anforderungen, Instrumente und Verfahrensgänge eines solchen Exekutivrechts kann nicht bruchlos und konfliktfrei vonstatten gehen, da dessen Charakter aus der Sicht der mitgliedstaatlichen Gesetzgebung als „technokratisch" und „fremd" erscheint.

Vor diesem Hintergrund vermitteln die Gemeinschaftsorgane das Bild eines inhomogenen Verbundes. Die Richtliniensetzung des Rates ist unsystematisch und kompromißhaft, sprachlich und inhaltlich oft vage. Sie folgt, dem institutionellen Rahmen entsprechend, verständlicherweise den Handlungsmaximen des politischen Aktionismus. Vollzugsdefizite der Umweltrichtlinien sind auch hierdurch bedingt. Die Umsetzungskontrolle der Kommission gerät mithin in Zugzwang. Nach ihrem Selbstverständnis sieht sich die Kommission als „Zentralbehörde der Gemeinschaft" mit der Verantwortung nicht nur für die normative Umsetzung, sondern auch für die konkrete administrative Anwendung des umgesetzten Umweltrechts belastet[340]. Auf dieser Basis handelnd, ist man sich offenbar in den Kreisen der Kommission des besonderen Vollzugsdefizits bewußt, das über alle nationalen Vollzugsdefizite weit hinausgeht. Da jedoch die Zusammenhänge und die strukturellen Unterschiede der mitgliedstaatlichen Verwaltungsrechtsordnungen nicht aufgearbeitet sind und mangels rechtsvergleichender Untersuchungen oft im dunkeln liegen, fehlt der Umsetzungskontrolle weithin die Gleichmäßigkeit und Wirklichkeitsnähe. Sie trifft die Mitgliedstaaten manchmal zu Recht, nicht selten aber auch in zufälliger und unstimmiger Weise. Der Europäische Gerichtshof nimmt davon jedoch kaum Notiz. Er entscheidet „streng juristisch" und, eher dem französischen Urteilsstil entsprechend, in apo-

---

[339] Vgl. *Graf Stauffenberg* (Fn. 90), T 34 ff.; *ders.*, ZRP 1992, S. 252 (258 f.); des weiteren *Steinberger*, *Klein* und *Thürer*, in: VVDStRL 50 (1991), S. 9 (39 ff.), 56 (75 ff.), 97 (129 ff.).

[340] Vgl. *Pernice*, NVwZ 1990, S. 414 (423 f.); kritisch zur Aufsichtspraxis der Kommission *Salzwedel* (Fn. 1), S. 65 f. und 83; *Breuer*, WiVerw. 1990, S. 113 ff.

diktischer Kürze. Die inneren Zusammenhänge und die strukturellen Unterschiede der mitgliedstaatlichen Verwaltungsrechtsordnungen bleiben auch dabei allzu häufig außer acht[341]. Die Unvollkommenheiten der Richtliniensetzung sowie der vor allem der Kommission obliegenden Umsetzungskontrolle schlagen sich so in Urteilen des Gerichtshofs nieder, die den hervorgehobenen Geboten des supranationalen Rechtsfriedens nicht entsprechen.

IV. Schlußbemerkung

Wenn die vorgetragenen Überlegungen neben den Zielen und Wegen der Entwicklung eines europäischen Umweltrechts auch Irrwegen dieser Entwicklung zugewandt und dabei bisweilen die Irrwege in den Vordergrund getreten sind, so darf die geäußerte Kritik doch nicht falsch verstanden werden. Das eine oder andere Wort dieser Kritik mag hart klingen. Europafeindlich oder verletzend sind die vorgetragenen Einwände, Bedenken und Mahnungen indessen nicht gemeint. Im Gegenteil: Die behandelten Konflikte sind eine ernstzunehmende Realität der Rechtspraxis in den Europäischen Gemeinschaften. Sie dürfen deshalb weder verschwiegen noch verharmlost werden. Nur ihre offene Diskussion kann weiterführen. Die aufgetretenen Divergenzen zwischen dem deutschen und dem europäischen Umweltrecht verlangen überdies ein Umdenken, und zwar auf nationaler und auf supranationaler Ebene. Die vorgestellten Wege zur Vermeidung oder Überwindung jener Konflikte sind als Versuch eines Anstoßes zu einem solchen Prozeß des gemeinsamen Umdenkens zu verstehen. Der dahin gerichtete Appell entspringt der Sorge um den Umweltschutz und die Effizienz des nationalen wie des supranationalen Umweltrechts, ebenso aber auch der Sorge um die Rechtssicherheit und den Rechtsfrieden auf dem integrationspolitischen Weg der europäischen Rechtsangleichung.

---

[341] Vgl. zu diesen Unterschieden und ihrem (bisherigen) Niederschlag in der Rechtsprechung des EuGH bei der Kontrolle der europäischen Wirtschaftsverwaltung *Schwarze*, in: Schwarze/Schmidt-Aßmann (Fn. 114), S. 203 (204 ff., 270 ff.); vgl. auch die zusammenfassende Bewertung von *Schwarze/Schmidt-Aßmann*, ebda., S. 275 ff.